Bajki
terapeutyczne

D1726720

Maria Molicka

Bajki

terapeutyczne

część I

MEDIA RODZINA

Okładkę projektował
Jacek Pietrzyński

Na okładce wykorzystano rysunek
Hanny Pyrzyńskiej

Rysunki dziecięce wykorzystane w książce pochodzą ze zbiorów własnych
Autorki.

Harbor Point Sp. z o.o.
Wydawnictwo Media Rodzina
ul. Pasieka 24, 61-657 Poznań
tel. (061) 827-08-60, fax (061) 820-34-11
e-mail: mediarodzina@mediarodzina.com.pl
www.mediarodzina.com.pl

Wydanie drugie poprawione i uzupełnione

ISBN 978-83-7278-010-2

Łamanie komputerowe i diapozytywy
perfekt, ul. Grodziska 11, 60-363 Poznań
tel. (61) 867–12–67

Spis treści

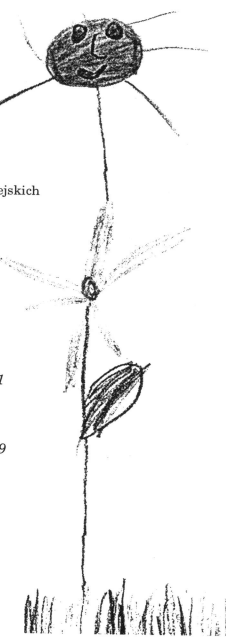

Przedmowa / 6

Lęki u dzieci / 9

Charakterystyka bajek czarodziejskich
i terapeutycznych / 22

Bajki terapeutyczne / 43

   Misiulek w przedszkolu / 44

   Zagubiony promyczek / 65

   Zuzi-Buzi / 78

   Wesoły Pufcio / 86

   Lisek Łakomczuszek / 94

   Mrok i jego przyjaciele / 101

   Ufuś / 112

   Księżycowy domek / 135

   Dziewczynka z obrazka / 149

   Lustro / 168

   Perła / 194

Przedmowa

Do rąk Państwa, przede wszystkim terapeutów, rodziców i dzieci oddaję książkę, która ma pomóc w rozświetleniu mroków dzieciństwa i rozwiązaniu trudnych problemów, jakie stają przed dzieckiem. Świat rozwijającego się dziecka to zmieniający się układ zdarzeń, na które musi ono reagować. Nieraz są to sytuacje czy wydarzenia niosące bolesne doświadczenia, zaburzające rozwój osobowości. Lęki, jakie od wieków przeżywają dzieci, często są dla nich koszmarem i mogą pozostawić trwały ślad, bliznę na osobowości.

Bajki to najbliższe dziecku utwory, w których świat realny miesza się z fantastycznym i razem tworzą zrozumiałą rzeczywistość. Dziecko zapoznaje się w nich z sytuacjami wzbudzającymi niepokój oraz znajduje cudowne rozwiązanie problemów. W świecie bajek można spotkać przyjaciół, przeżyć wspaniałe przygody, a przede wszystkim pozbyć się lęku. Rozwiązanie trudnych emocjonalnie sytuacji może okazać się — dzięki bajkom — przyjemne, a nawet radosne.

Człowiek ma zdolność kreowania samego siebie. Tę oczywistą prawdę często pomijamy, myśląc o lękach. Wolimy przyczyn niepowodzeń i trudności spowodowanych wewnętrznym niepokojem upatrywać w innych osobach lub zdarzeniach, czy nawet doszukiwać się winy w losie, który nas prześladuje. Lęk pozostaje zjawiskiem tajemniczym, które znienacka nas dopada i niszczy. A przecież nasze życie, głównie zaś życie dzieci, zależy od naszego sposobu myślenia o zdarzeniach.

Ta właśnie idea przyświecała mi, kiedy pisałam tę książkę. Możemy nauczyć dzieci, by potrafiły usuwać niepokoje poprzez „inne myślenie" o tym, co je wywołało; by wypracowały skuteczne sposoby radzenia sobie w trudnych sytuacjach. „Inne myślenie" nie jest uleganiem panice, wszechogarniającemu lękowi (który rodzi postawę bezradności, bierności lub chaotycznego działania), lecz jest takim sposobem postępowania, który zapewnia skuteczność.

Bajki terapeutyczne pozwalają bez lęku spojrzeć na swoje problemy i uczą, jak pomagać sobie samemu w trudnych sytuacjach. Cudowny świat bajek pozwala odmienić zdarzenia, odczarować je poprzez powiązanie przyczyn z ich skutkami, czyli objawami lękowymi. Zdarzenia tajemnicze, mroczne i przerażające, ukazane przez pryzmat powodujących je czynników, znacznie tracą moc wzbudzania lęku. Poprzez bajki dziecko uczy się pozytywnego myślenia o sytuacjach lękotwórczych. W bajkach stosowane są także inne techniki psychologiczne, które uodparniają przed lękiem bądź obniżają jego poziom, umożliwiając w ten sposób stawienie czoła przeciwnościom. Terapeutom i rodzicom książka ta niesie wiedzę o lękach; o czynnikach, które je wywołują, i o sposobach, jakimi można z nimi — m.in. dzięki bajkom — walczyć, a nawet je usuwać. Posługując się schematem przedstawionym w książce, każdy rodzic i terapeuta może sam wymyślać terapeutyczne fabuły, które będą stanowić antidotum na sytuacje lękotwórcze. W ten oto sposób tajemnicze lęki dręczące dziecko stracą moc; staną się zwykłymi sytuacjami, w których dziecko potrafi sprawnie działać. To, że bajki terapeutyczne obniżają poziom lęku, zostało potwierdzone przez badania dzieci hospitalizowanych, wobec których je stosowano. Zainteresowanych odsyłam do mojej książki pt. *Bajki terapeutyczne jako metoda obniżania lęku u dzieci hospitalizowanych*.

Publikacja niniejsza, do której przeczytania i stosowania jej w praktyce gorąco Państwa zachęcam, może także służyć pomocą w zapobieganiu lękom w sytuacjach, które nie są dziecku znane. Adresowana jest do wszystkich dzieci, jednak dzieciom wrażliwym będzie szczególnie pomocna.

Książka składa się z trzech części. W pierwszej i drugiej przedstawiłam zagadnienia teoretyczne związane z lękiem, a więc rozumienie tego pojęcia i czynników je wywołujących. Dalej omówiłam rolę bajki w obniżaniu poziomu lęku. Scharakteryzowałam też bajki terapeutyczne — ich specyfikę, stałe elementy oraz mechanizm oddziaływania. W części trzeciej zaprezentowałam bajki, które pozostawiam Państwu i dzieciom do oceny. Bajki te mają za zadanie zapobiegać lękom albo zmniejszać lęk przed porzuceniem (bajka „Misiulek w przedszkolu"), zagubieniem (bajka „Zagubiony promyczek"), separacją od matki (bajka „Zuzi-Buzi"), utratą kontroli nad własnym ciałem (bajka „Wesoły Pufcio"), wyśmianiem, kompromitacją (bajka „Lisek Łakomczuszek"), przed ciemnością (bajka „Mrok i jego przyjaciele"), hospitalizacją, bólem, uszkodzeniem ciała (bajka „Ufuś"), przed konfliktami w rodzinie (bajka „Księżycowy domek"), grupą szkolną (bajka „Dziewczynka z obrazka"), śmiercią (bajka „Lustro"), zabiegiem chirurgicznym (bajka „Perła").

Mam nadzieję, że bajki się dzieciom spodobają i nauczą je „innego myślenia" o sytuacjach lękotwórczych, a w ten sposób przyczynią się do sprawnego działania. Natomiast wszystkim dorosłym, którym troski i zmartwienia dziecka nie są obojętne, pomogą w zrozumieniu jego problemów.

Autorka

Lęki u dzieci

Sięgając wspomnieniami do dzieciństwa, często przypominamy sobie, jak przykre odczucia budzili w nas obcy ludzie, których podejrzewaliśmy, że chcą nas porwać, bądź sytuacje gdy oczekiwaliśmy, że dzikie zwierzęta wydostaną się z zoo lub wyjdą z lasu, by nas pożreć. Niemal każdy dorosły zachowuje we wspomnieniach podobnie irracjonalne pomysły, które wówczas wzbudzały tak silny niepokój.

Współczesne dzieci także panicznie boją się złego czarownika, pogryzienia przez przygodnego psa czy potwora rodem z telewizji, który może dopaść i zabić, przed którym nie ma ucieczki. Ciemność, burza, bestie, duchy, sytuacje osamotnienia i poniżenia to tylko niektóre czynniki wywołujące w dziecku niepokój. Jeśli niepokój ten jest silnie doznawany, to zwykle prowadzi do zahamowania lub wzmożenia aktywności. Dziecko staje się bierne, apatyczne, „porażone" lękiem — jak to obrazowo nazywamy — lub też nadmiernie pobudzone, chaotyczne w działaniu, co również nie sprzyja rozwiązaniu trudnej sytuacji. Lęk niweczy próby skupienia się na czymś innym, a przez to obniża sprawność intelektualną. Dziecko jest skoncentrowane tylko na tych przykrych bodźcach, skutkiem czego mniej sprawnie działa, a w szkole uzyskuje gorsze wyniki w nauce.

Mówiąc o lęku, powinniśmy zdefiniować dwa pojęcia, które są często traktowane zamiennie, a mianowicie — strachu i lęku. Przez strach będziemy rozumieli zachowanie wrodzone, którego rola polega na jak najlepszym, skutecznym przystosowaniu do zmieniającego się i zagrażającego środowiska. Już niemowlę reaguje strachem na silny dźwięk czy ból, głośno uzewnętrzniając emocje. Później reakcje strachu rozszerzają się na inne, początkowo obojętne bodźce i sytuacje, także na słowa, jeśli towarzyszą bodźcom pierwotnym (takim jak silne dźwięki, ból, zaburzenia równowagi itp.). Obserwując osoby przeżywające uczucie strachu, powielamy ich reakcje na bodziec, który je wzbudził. Można więc powiedzieć, że strach towarzyszy nam od początku do końca naszych dni. Wraz z wiekiem gromadzimy wiedzę, i te bodźce czy sytuacje, które w dzieciństwie wzbudzały emocje, przestają je wywoływać. Pojawiają się jednak nowe czynniki, które wywołują w nas napięcia emocjonalne. Zdobyta wiedza najczęściej zmniejsza, a czasem zupełnie likwiduje uczucie strachu, jednak emocja ta nigdy tak całkowicie nie zanika.

Strach jest więc reakcją na czynniki zewnętrzne i bodziec wewnętrzny, jakim jest ból.

Lęk powstaje w momencie wyobrażenia sobie zagrożenia. Jest zatem procesem wewnętrznym, który ma na celu ochronę przed potencjalnym niebezpieczeństwem.

Ustalając ich wzajemne relacje, możemy uznać, że ze strachu wyrasta lęk. Pierwotny jest więc strach, a lęk — jakkolwiek pojawiający się na jego bazie — z czasem staje się coraz bardziej niezależny. Tak rozumiany lęk powstaje w toku rozwoju dziecka i początkowo pojawia się w momencie wyobrażenia sobie ubiegłej sytuacji strachu.

Pierwsza ewolucyjna faza lęku to lęk odtwórczy, a mianowicie taki, który pojawia się jako wyobrażenie zagrożenia, jakie w formie strachu dziecko przeżyło uprzednio. Ten rodzaj lęku jest nierozerwalnie związany z dawniej postrzeganymi bodźcami czy sytuacjami. Później pojawia się lęk umownie nazywany wytwórczym, który związany jest z żywo rozwijającą się wyobraźnią dziecka. Posługując się bowiem własną imaginacją, tworzy ono swój świat lęków. Lęki te świadczą o dynamicznym rozwoju procesów umysłowych. Szczególnie pojawienie się nazewnictwa znamiennie wpływa nie tylko na rozwój wyobraźni i myślenia, ale również emocji. Dzieci wyobrażają sobie różne straszydła, niezwykłe sytuacje, a one często wywołują lęk. Wydaje się, że dzieci o dużej wyobraźni, bardzo sprawne intelektualnie wytwarzają więcej „straszaków" niż ich rówieśnicy. Z kolei u dzieci upośledzonych umysłowo w stopniu lekkim więcej jest wspomnianych wcześniej lęków odtwórczych — tych, których podstawą są negatywne doświadczenia dziecka. Lęki wytwórcze, a więc te, które są głównie wynikiem ich rozwijającej się wyobraźni, mogą na zasadzie „błędnego koła" nasilać się i w sprzyjających sytuacjach prowadzić nawet do zaburzeń. O sytuacjach, które „ułatwiają" powstawanie lęku, opowiemy później.

Czy istnieją tylko lęki odtwórcze i wytwórcze, które tak ściśle związane są z rozwojem dziecka, z jego doświadczeniami, z rozwojem psychicznym? Otóż nie. Nie mniej ważny rodzaj lęków przeżywanych przez dzieci wiąże się z niezaspokojeniem potrzeb. Lęk jest tutaj bolesnym odczuwaniem braku. Niezaspokojenie zarówno potrzeb psychicznych, jak i fizjologicznych (np. głodu) wywołuje doraźne, negatywne stany emocjonalne i obawę, że sytuacja taka może się pojawić w przyszłości. Dla dzieci w ich rozwoju fundamentalne znaczenie mają, oprócz oczywiście potrzeb fizjologicznych, także potrzeby: miłości, bezpieczeństwa, akceptacji, przynależności.

Wielokrotnie opisywano zaburzenia w rozwoju umysłowym i emocjonalnym, jakie przejawiają dzieci z chorobą sierocą, a więc te, które straciły kontakt emocjonalny z matką. Zaburzenia te ujawniają się często w formie opóźnienia w rozwoju, a nawet upośledzenia umysłowego oraz licznych nieprawidłowościach emocjonalnych, które zakłócają i patologizują przystosowanie społeczne.

Inny rodzaj lęków wiąże się z obrazem własnej osoby. Występuje on chronologicznie najpóźniej w stosunku do wspomnianych już lęków odtwórczych, wytwórczych, jak również tych związanych z niezaspokojeniem potrzeb. Na obraz samego siebie składają się wyobrażenia, pragnienia i oczekiwania, jakie osoba ma wobec siebie. Ta część naszej osobowości kształtuje się pod wpływem informacji, ocen i ustosunkowań, jakie płyną ze strony innych ludzi. W dzieciństwie to głównie rodzice i nauczyciele kształtują nasze wyobrażenia o nas samych. Wpływają na nie także wyniki działań. Wraz z obrazem samego siebie kształtuje się samoocena i aspiracje. W dzieciństwie struktury te są niestałe i niestabilne, szczególnie podatne na wpływy otoczenia. Obraz samego siebie najintensywniej rozwija się i krystalizuje między szóstym a dwunastym rokiem życia. Dziecko ma wówczas silną potrzebę pozytywnego myślenia o sobie i swoich możliwościach, zaletach, osiągnięciach itp. — kierując się kryteriami, jakie obowiązują w jego środowisku. Oczekiwanie odrzucenia, ośmieszenia czy niepowodzenia wyzwala poczucie mniejszej wartości, które powoduje powstanie szeregu reakcji lękowych. Zrodzenie się tych lęków ułatwia niska samoocena będąca wynikiem permanentnego uzyskiwania negatywnych informacji na swój temat (bądź oczekiwania na nie) oraz nieudanych efektów działań. Tak więc krytykowanie dziecka, odrzucanie i permanentne wyręczanie (sugerujące, że dziecko samo niczego nie potrafi) prowadzą do lęków, które wzmagają się w toku rozwoju dziecka.

Ale czy lęk powinniśmy rozpatrywać wyłącznie w aspekcie negatywnym i kiedy jest on niebezpieczny? To tylko niektóre z pytań, jakie cisną się na usta. Lęk jest bowiem także pewną prawidłowością rozwojową, która zdarza się wszystkim dzieciom.

Lęk jest niebezpieczny dla rozwoju dziecka, gdy jest szczególnie silnie doznawany, czemu towarzyszą równie silne reakcje somatyczne, takie jak wzmożona potliwość, blednięcie i drżenie ciała, przyspieszenie bądź zwolnienie akcji serca itp. Jest także niebezpieczny, gdy permanentnie pochłania uwagę, nie pozwalając dziecku skoncentrować się na innym zadaniu lub zabawie. Należy go uznać za patologiczny, gdy charakteryzuje się nieadekwatnością reakcji do bodźca, to znaczy wtedy, gdy jakiś ledwo ponadprogowy bodziec albo całkiem zwyczajna sytuacja wzbudzają gwałtowną reakcję.

W dotychczasowych rozważaniach skoncentrowaliśmy się głównie na reakcjach lękowych, które mają na celu przygotowanie jednostki do sytuacji zagrażających, jakie dopiero mogą się pojawić. Ich częstym skutkiem jest wykształcenie w dziecku stałej cechy osobowości, jaką jest dominacja lęku. Jeśli tak się stanie, wtedy poważnie zaburza to funkcjonowanie dziecka w środowisku i łączy się z częstym subiektywnym doznawaniem nieprzyjemnych uczuć lękowych. Stosunek takiego dziecka do środowiska jest nieufny, a świat zagraża mu już przez to, że sugeruje możliwość porażki. Również samoocena takiego dziecka jest obniżona, co wiąże się z tendencją do niepodejmowania działań i postawą rezygnacji.

Należy jeszcze raz podkreślić, że doznawanie lęku jest procesem rozwojowym, a zaburzeniem staje się wówczas, gdy dominuje w zachowaniu, dezorganizując życie dziecka. O tym, że lęku nie należy rozpatrywać wyłącznie w aspekcie negatywnym, niech świadczy fakt, iż umożliwia on uczenie się zachowań społecznych, uwrażliwia na to, co dzieje się z innymi ludźmi i jakie są ich przeżycia. Lęk może spełniać pozytywną rolę, jeśli mobilizuje do wysiłku i prowadzi do przezwyciężenia trudności. Jeżeli dziecko z takiej próby wychodzi zwycięsko, wtedy wzmacnia to jego wiarę we własne siły i możliwości.

Lęki są niezbędne dla prawidłowego funkcjonowania człowieka. Przygotowują do sytuacji zagrożenia, a stają się patologią, gdy dezorganizują działanie i zniekształcają osobowość. Dziecko będące w stanie lęku stara się sobie różnymi sposobami pomóc, wypracowując charakterystyczny dla siebie model walki z nim. Wydaje się, że różne rodzaje lęków rodzą różne strategie pomocy. W lękach wyobrażeniowych pomocą jest racjonalizowanie sytuacji. Dziecko często głośno stara się ją sobie wyjaśnić albo powtarza związane z nią dowcipy, np. o duchach, wynajduje argumenty pomocne w negocjacjach z samym sobą albo szuka ich w rozmowie z innymi. W sytuacji lęku z powodu niezaspokojenia potrzeby miłości, bezpieczeństwa czy akceptacji często próbuje uwolnić się od lęku, fantazjując, uciekając w wymyślony, życzeniowy świat, w którym możliwe jest zaspokojenie tych potrzeb. Dziecko może też uciekać od rzeczywistości, kreując własną osobę w taki sposób, iż inni początkowo wierzą, że mają do czynienia z wyjątkową postacią. Potem kłamstwo wychodzi na jaw, urojenia pękają jak mydlane bańki i dzieci odsuwają się od kłamczucha urażone, że je oszukano. Niekiedy, gdy lęk jest bardzo nasilony, mogą pojawić się inne zaburzenia, takie jak wielokrotnie opisywane w literaturze fachowej objawy regresji, projekcji, wyparcia czy ucieczki w chorobę. Wspomniano już, że lęk dezorganizuje zachowania, blokując je lub wzmagając, co prowadzi do chaosu w tychże działaniach. Także do agresji jako sposobu rozładowania napięcia. Lęk jest wzbudzony wewnętrznie i stanowi bądź to pamięć o ubiegłych negatywnych wydarzeniach (lęki odtwórcze), bądź wyobrażenia o nich (lęki wytwórcze). Inne źródło lęku tkwi w niezaspokojonych potrzebach. Doznania lękowe na ogół występują z właściwym im komponentem fizjologicznym, a towarzyszy temu poczucie ogromnego dyskomfortu psychicznego.

Do somatycznych reakcji lękowych i tych ujawniających się w zachowaniu zaliczamy suchość jamy ustnej bądź nadmierne ślinienie się, wzmożoną perystaltykę jelit, biegunki, parcia na kał, przyspieszenie oddechu, akcji serca, tętna, zaczerwienienie bądź bladość skóry, rozszerzenie źrenic, wzmożoną potliwość, częste parcie na mocz, wzmożone napięcie mięśniowe, wzmożoną lub obniżoną aktywność, drżenie rąk, zacinanie się, jąkanie, stereotypy ruchowe i słowne, ssanie kciuka, gryzienie paznokci, drażliwość, lepkość emocjonalną, lęki nocne, uczucie zagrożenia i ogólny niepokój.

Lęk, jaki przeżywa dziecko, może być uświadomiony jako przedmiotowy albo sytuacyjny. W zależności od zakwalifikowania dziecko podejmuje określone metody walki z nim. Nieraz natrętne lękowe myśli zmuszają do konkretnych czynności, np. częstego mycia rąk albo omijania przerw między płytami chodnika. Jest to obrona przed niepokojem, który i tak znika tylko doraźnie, na chwilę, by znowu się pojawić i ponownie zmuszać do tych irracjonalnych czynności. Lęk ten może wiązać się także z określonymi osobami, powodować poczucie winy i oczekiwanie kary. Lęk może również ulegać przemieszczeniu, tzn. gdy uświadomienie go sobie jest zbyt bolesne, może być przeniesiony na inny, bezpieczny bodziec czy sytuację. Przemieszczenie może także zachodzić, gdy dorośli zaprzeczają przyczynom doznawanych lęków. Przykładem tego jest sytuacja często zdarzająca się w szpitalu. Dziecko obawia się zastrzyku, płacze. Pielęgniarki i lekarze twierdzą, że to nic nie boli i że mały pacjent nie boi się. Zaprzeczają doznawanym emocjom i często dziecko też uczy się zaprzeczać — że się nie boi, że zabieg jest bezbolesny. Mechanizm zaprzeczania może prowadzić do dysocjacji doznań i ich racjonalnych przyczyn. Poprzez zaprzeczanie my, dorośli, uczymy przemieszczać lęk na inne obiekty, a wypracowanie pomocy staje się wówczas trudniejsze. Somatyczne objawy (pocenie się, przyspieszenie oddechu, tętna itp.) często towarzyszą lękowi nieuprzedmiotowionemu, co — jak się wydaje — wynika z tego, że dziecko często doznawało lęku i nauczyło się reagować niepokojem na bardzo wiele czynników, które występowały z pierwotnym bodźcem lub sytuacją, i obecnie dziecko nie uświadamia sobie, jaki to czynnik wywołał tę reakcję. Bodźce te są jednak utrwalone i wywołują lęk głównie w sferze fizjologicznej. W języku psychologicznym mówi się o zbyt szerokiej generalizacji (czyli włączeniu nazbyt wielu bodźców, które są tylko podobne do tych, jakie wywołują reakcje lękowe). Pojawienie się podobnej sytuacji albo bodźca dociera do podświadomości i wywołuje reakcję lękową bez uświadomienia sobie rzeczywistej przyczyny lęku. Inaczej mówiąc, jest to zbyt szerokie przyswajanie bodźców i niewielkie podobieństwo do pierwotnego wystarcza, by spowodować taką samą reakcję, jak bodziec właściwy.

W świetle ostatnich badań za szczególnie zagrażające psychice uważa się silne lęki występujące przed trzecim rokiem życia, ponieważ we wczesnym okresie aktywna jest głównie część podkorowa mózgu. Rozwój kory umożliwia uświadomienie sobie zagrożenia i wypracowanie konstruktywnych reakcji na bodźce czy sytuacje, które rozpoznajemy jako zagrażające. Tak więc poprzez oddziaływanie na korę, poprzez świadomość, możemy unieszkodliwiać lęk. Natomiast we wczesnym okresie jednostkowego rozwoju jest to niemożliwe, dlatego też szczególnego znaczenia nabiera poznanie czynników, które są odpowiedzialne za wywoływanie lęku. Innym czynnikiem generującym lęki nieświadome są niezaspokojone potrzeby — te podstawowe: miłości, bezpieczeństwa, uznania. Dziecko odczuwa to boleśnie, jednak nie uświadomia sobie przyczyny swego niepokoju. Obserwacja dzieci wskazuje, że intuicyjnie dążą one do ich zaspokojenia, szukają sposobów jego redukcji.

Dla małych dzieci do lat trzech podstawowe znaczenie mają proste bodźce wywołujące strach, a więc hałas, ostre światło, nagłe zmiany równowagi ciała, ból czy bodźce nowe i nieznane, jak np. izolacja od bliskiej osoby. Grupę czynników wywołujących lęk tworzy niezaspokojenie potrzeb: głównie miłości, bezpieczeństwa, akceptacji i oczywiście potrzeb fizjologicznych. U dzieci starszych mogą pojawić się lęki związane z obrazem samego siebie, a zatem lęk przed odrzuceniem, wyśmianiem itp. Należy stwarzać dziecku takie warunki, by eliminować ich występowanie. Dlatego też szczególnego znaczenia nabiera profilaktyka oddziaływań wychowawczych.

O niekorzystnym bądź co najmniej dyskusyjnym wpływie telewizji na dzieci coraz więcej pisze się na łamach pism publicystycznych i naukowych. Jakże często małe dzieci oglądają programy, których nie potrafią zrozumieć. Nie potrafią także odróżnić fikcji od rzeczywistości. Świat na ekranie bywa groźny; przedstawia sytuacje zagrożenia niezależnie od tego, czy to jest dziennik telewizyjny, który sensacyjnie ujmuje rzeczywistość, czy też film fabularny. Dziecko nie pojmuje ich treści, ale ulega emocjom strachu. Później te obrazy powracają w formie odtwórczych wyobrażeń i są źródłem lęków. Nawet dwuletnie dzieci boją się potworów oglądanych na ekranie, choć odbierają film tylko w warstwie emocjonalnej. Coraz doskonalsza technika filmowa urealnia obrazy. Dziecko siedzi z oczyma utkwionymi w ekran, przeżywa strach, nie może zmienić sytuacji, musi się jej biernie poddać, a więc nie uczy się samodzielnego jej rozwiązania.

Ta bierność nabyta przed ekranem telewizyjnym sprzyja także stępieniu wrażliwości emocjonalnej. W ten sposób zmniejsza się wrażliwość dziecka na ból, cierpienie czy poniżenie innych. Mały odbiorca może także uczyć się agresji, obserwując zachowanie bohaterów, natomiast na doznanie strachu czy lęku może reagować tak, jak na inne sytuacje stresowe, a mianowicie agresją. Taka forma zachowania chwilowo zmniejsza niepokój i dlatego może zostać silnie utrwalona. Nie darmo mówi się, że lęk i agresja to dwie strony tego samego medalu. Dla starszych dzieci emocje przeżyte przed ekranem są tworzywem dla ich imaginacji. Wyobrażają sobie sytuacje, zdarzenia i same ich w tej formie doświadczają. Te wyobrażone sytuacje mogą być silnym stymulatorem przeżywanych lęków. Jeden z moich małych pacjentów po obejrzeniu kilku filmów o najeździe kosmitów bał się nawet na moment zostać sam w pokoju. Ciągle sprawdzał, czy pod łóżkiem, za szafą, za oknem nie czają się podstępne ufoludki. Nie potrafił skoncentrować się na żadnej czynności z wyjątkiem stałego sprawdzania. To go nie uspokajało, ponieważ permanentny lęk tkwił w nim samym, a od siebie nie mógł przecież uciec.

Właśnie takie lęki wytwórcze mogą być wyzwalane przez niektóre filmy, zwłaszcza te, które koncentrują się na straszeniu. Żyjemy w świecie, w którym sztuka masowa jest coraz bardziej naturalistyczna i — paradoksalnie — wymagałaby szczególnie dojrzałego odbioru.

Zatem film i telewizja dość skutecznie straszą nasze dzieci. Ale jakże często my — rodzice — czynimy to sami, kierując się błędnie pojętym dobrem dziecka. Szantażujemy je, straszymy czarownicą czy Cyganem, który przyjdzie, by dziecko ze sobą zabrać. W ten sposób często wymuszamy określone zachowania, nie bacząc na to, iż zaszczepiamy w dziecku lękotwórczego bakcyla.

Na koniec rozważań o lękotwórczej roli telewizji i filmów należałoby wspomnieć o konsekwencjach zdrowotnych spowodowanych częstym przeżywaniem stanów strachu czy lęku. Można chyba zaryzykować twierdzenie, że wzrost zachorowań na choroby psychosomatyczne jest związany z częstym przeżywaniem emocji przed ekranem. Tym bardziej, że jest to bierne poddawanie się tym emocjom. Układ nerwowy, a zwłaszcza jego część wegetatywna, reaguje na zdarzenia na ekranie tak, jak na zdarzenia rzeczywiste, a więc mobilizuje cały organizm do walki z tym stresorem. W konsekwencji ujawniają się niektóre choroby czy zaburzenia powszechnie uważane za związane ze stresem. Zatem są nimi na przykład choroby układów: trawiennego, krążenia, oddechowego, mięśniowo-kostnego, odpornościowego czy też choroby skóry.

Wyżej przedstawiono negatywną rolę telewizji i filmów w kreowaniu lęków u dzieci, co nie znaczy, że ta forma przekazu nie ma oczywistych zalet, jak choćby możliwość poznawania innych kultur, odkrywania tajemnic świata itp. Dzięki niej świat staje się „globalną wioską", a jej mieszkańcy sąsiadami, co sprzyja np. postawom tolerancji i chęci niesienia pomocy. Pozytywów można tutaj przytoczyć więcej, nie jest to jednak przedmiotem niniejszych rozważań.

Lękotwórczo może oddziaływać także rodzina. Tu lęk powstaje głównie wtedy, gdy nie są zaspokojone potrzeby dziecka. Dzieje się tak, kiedy rodzina jest układem bardzo nietrwałym, nie dającym poczucia bezpieczeństwa. Deficyt w zaspokojeniu potrzeb psychicznych może powodować także tzw. rodzina nuklearna, złożona tylko z rodziców i dzieci, bądź jednorodzicielska, gdzie ojciec lub matka wychowują dzieci samotnie, a także rodzina zrekonstruowana, to znaczy taka, w której po rozwodzie pierwotni rodzice wchodzą w nowe związki i dzieci wychowują się z przybranymi matkami lub ojcami razem z ich biologicznymi dziećmi. Takie rodziny tracą często więź pokoleniową, pozbawiając dzieci kontaktów z innymi członkami rodziny, którzy mogliby zrekompensować nie zaspokojone potrzeby psychiczne. Rodzina staje się wtedy czymś bardzo niepewnym, nie dającym poczucia bezpieczeństwa. Także z innych powodów, często migracyjnych, bywają zrywane więzy na przykład z dziadkami, którzy przecież najczęściej obdarzają wnuki bezwarunkowym uczuciem, dając im w ten sposób nieocenione wsparcie.

Rodzice, a zwłaszcza pracujące matki, spędzają niewiele czasu ze swoimi dziećmi. Obciążenie zajęciami i koncentracja na własnym życiu powodują, że rodzice mają słaby kontakt z dzieckiem. Jakże często słyszymy: „Wy mnie wcale nie słuchacie!" Z wolna dziecko oddala się od swoich rodziców, traktując ich jako osoby zobowiązane jedynie do zaspokajania bytu materialnego. „Nieobecni" rodzice nieświadomie tworzą model rodziny, w której dziecko nie może zaspokoić swoich potrzeb psychicznych. Dzień po dniu pęka więź z dzieckiem, które powoli popada w samotność. Staje się ona chorobą naszych czasów, a to właśnie dorośli są za nią odpowiedzialni. Jeśli dziecko, nawet mając zapewniony byt materialny, nie znajduje miłości, poczucia bezpieczeństwa i akceptacji, wtedy nie może się prawidłowo rozwijać.

Nie tylko „nieobecność" rodziców i pozbawienie kontaktu z dalszą rodziną sprzyjają niezaspokojeniu potrzeb. Niemałe znaczenie mają tutaj również niewłaściwe oddziaływania wychowawcze. Postawy rodzicielskie, które sprzyjają powstawaniu lęku, to nadmierna koncentracja na dziecku i rozpieszczanie go. Tak wychowane dziecko staje się w obliczu trudności bezradne. Pozbawione zostało „treningu" w rozwiązywaniu trudnych sytuacji. Każde zadanie budzi lęk, sygnalizuje porażkę. Dziecko, nie znając swoich możliwości, często podejmuje się zadań, które są ponad jego siły. Potem utwierdza się w przekonaniu, że nie potrafi ich wykonać i permanentnie przeżywa stany frustracji. Inną postawą sprzyjającą rozwojowi lęku jest ciągłe niezadowolenie rodziców z osiągnięć dziecka i krytykowanie go. Jeśli nawet rodzice czynią to w trosce o dziecko, taka postawa ma istotny wpływ na kształtowanie się w dziecku uczucia niepewności, braku wiary we własne siły, przewrażliwienia, braku zdolności do koncentracji, pobudliwości. Przy postawie odrzucającej, charakteryzującej się brakiem uczucia i częstym stosowaniem kar, dziecko nie zaspokaja swojej potrzeby miłości. Jest to postawa, która wywiera na dziecko zgubny wpływ, bo zaburza jego rozwój społeczny, czyniąc je niezdolnym do przeżywania uczuć. Postawa autokratyczna, jak sama nazwa wskazuje, charakteryzuje się dominacją rodziców nad dzieckiem, które bez słowa sprzeciwu musi podporządkować się ich woli. W efekcie takich oddziaływań w dziecku rozwija się nadmierna kontrola emocjonalna. Tłumi ono swoje uczucia pozytywne (serdeczność, radość itp.), „nie uczy się ono radzić sobie z własnymi problemami, ale uczy się je tłumić"[1].

---

[1] I. Obuchowska: *Encyklopedia pedagogiczna*, red. W. Pomykało, Warszawa 1993, hasła — Lęk, Lęk szkolny, s. 345.

Tak wychowane dzieci nie potrafią redukować napięcia emocjonalnego. Kształtuje się w nich poczucie mniejszej wartości i bierność wobec zdarzeń. Nagłe wybuchy agresji czy lęku wskazują, jak bardzo ten styl wychowania wpływa destrukcyjnie. Jedne dzieci starają się walczyć z autokratycznym rodzicem, co przejawia się w ich niezwykłym uporze, by później przekształcić się w różne formy agresji. Inne podporządkowują się, stając się biernymi, lękliwymi dziećmi. Natomiast akceptacja dziecka, przyjęcie go takim, jakie jest, sprzyja powstaniu więzi emocjonalnej, umiejętności odbierania i okazywania uczuć, co ułatwia wszechstronny rozwój osobowości.

Szkoła, w której dziecko przebywa wiele godzin, również ma znaczący wpływ na kształtowanie się jego osobowości. W szkole powinny być zaspokajane dziecięce potrzeby uznania, szacunku, osiągnięć — co ma dawać poczucie bezpieczeństwa, a tym samym przyczyniać się do budowania prawidłowego obrazu siebie samego i formułowania adekwatnej samooceny. A przecież wiemy, że często tak nie jest. Zarówno szkoła, jak i rodzina stawiają dziecku duże wymagania. Miłość, akceptacja, uznanie bardzo często są uzależnione od tego, czy dziecko je spełnia. Jest kochane, gdy się dobrze uczy i ma niezwykłe zdolności. Miłość rodziców i akceptacja nauczycieli, które — jak wiemy — powinny być bezwarunkowe, stają się często uzależnione od wyników w nauce. Bywa, iż uczeń nie jest dla nauczyciela indywidualną jednostką, której należy pomóc w rozwoju, ale kolejnym numerem w dzienniku. Jeśli to środowisko nie zaspokaja psychicznych potrzeb dziecka, wtedy przyczynia się to do jego osamotnienia, wytwarza poczucie braku bezpieczeństwa, a w konsekwencji powoduje lęk i egocentryzm.

Ten negatywny wpływ rodziny i szkoły może być osłabiony, jeśli dziecko ma dobre kontakty z rówieśnikami i wśród kolegów może kompensować swoje braki w zaspokajaniu tych potrzeb. Często jednak ów „głód" przyczynia się do powstawania zbyt silnych związków emocjonalnych i jeśli takie dziecko nawiąże kontakt z grupami aspołecznymi (w tym z tzw. grupami nieformalnymi i sektami), wtedy jest szczególnie podatne na ich wpływ.

Pora na uogólnienia. Powyżej wyodrębniono trzy źródła lęku u dzieci. Jest on uwarunkowany zdarzeniami, jakie dziecko postrzegaw swoim środowisku — także tym, co to środowisko tworzy i tym, co dzieje się na ekranie telewizyjnym. Jeśli ten świat przedstawiony jest w taki sposób, iż wzbudza strach — przyczynia się do powstawania częstych reakcji lękowych, by później ukształtować osobowość zdominowaną lękiem. Innym środowiskiem, jakie może przyczynić się do ukształtowania takiej osobowości, jest rodzina, która nie zaspokaja podstawowych potrzeb psychicznych dziecka (bezpieczeństwa, miłości, przynależności, uznania). Kolejnym ważnym czynnikiem mogącym wyzwalać lęk, a przez to kreującym lękową osobowość, jest szkoła. Jednym z ważniejszych jej zadań powinno być wyrabianie u uczniów prawidłowego obrazu samego siebie i pozytywnej samooceny. Jeśli tak się nie dzieje (a wręcz przeciwnie), sprzyja to budowaniu poczucia mniejszej wartości i przyczynia się w istotny sposób do powstawania lęków.

Charakterystyka bajek czarodziejskich i terapeutycznych

Bajki kreują niezwykły świat. Z ich pomocą dziecko uczy się reguł, jakie rządzą rzeczywistością, i wzorów zachowań. Przede wszystkim jednak bajki rozbudzają dziecko wewnętrznie i dostarczają mu wiele radości. Bajki umożliwiają utożsamienie się z bohaterem, przeżywanie coraz to nowych przygód i emocji. W bajkowym świecie rządzą reguły dobra i ono zawsze zwycięża. Szczęśliwe zakończenie daje dziecku, które już poczuło się bohaterem albo uczestnikiem zdarzeń, przyjemne uczucie sukcesu. Wszystkie bajki — niezależnie od tego, czy są to utwory mające swoją genezę w folklorze, czy też są to opowiadania współczesne — mają pewne cechy wspólne. Są nimi magiczna rzeczywistość widziana oczami dziecka oraz umowność zdarzeń.

Świat kreowany w bajce zgodny jest z myśleniem życzeniowym jej głównego bohatera. Magia rządzi rozwiązywaniem trudnych problemów, co umożliwia nagłą zmianę rzeczywistości. Tak właśnie myśli dziecko: magicznie, przypisując przedmiotom martwym atrybuty życia, doszukując się cech ludzkich u zwierząt. Ten bajkowy świat jest umowny, nierealny, o czym wiedzą mali czytelnicy. Dlatego możemy te utwory objąć wspólną nazwą bajek czarodziejskich. Ważną rolę odgrywa w nich magia, która służy zaczarowaniu świata, a także wyposażenie go w instrumenty umożliwiające nagłą zmianę sytuacji, ułatwiające zrozumienie rzeczywistości odpowiednio do rozwoju dziecka.

Bajki czarodziejskie pojawiły się stosunkowo niedawno za sprawą Karola Perrault. W końcu XVII wieku fascynowano się folklorem, w tym literaturą ludową. Naiwne opowiadania o szczęśliwym zakończeniu szybko się rozpowszechniły, zyskując sobie rzesze wiernych czytelników początkowo wśród dorosłych, by później stać się ulubioną lekturą dzieci. Przeznaczeniem tych utworów było wyjaśnienie i zrozumienie reguł, jakie rządzą światem, i zmniejszanie lęków. Dzięki bajkom uzyskiwano odpowiedź na dwa najważniejsze pytania: Jaki jest ten świat i jakie reguły nim rządzą? Jak można poradzić sobie z zagrożeniami?

Tak jak dziecko uczy się odróżniać rzeczywistość realną od wyobrażonej, sen od jawy, tak samo człowiek, nie rozumiejąc praw przyrody, budował wyobrażenia o świecie na miarę swojej wiedzy. Ten nierealny świat zaspokajał potrzeby poznawcze, pomagał w zrozumieniu świata realnego, umożliwiał dokonywanie wyborów moralnych, jednoznacznie pokazując, kto jest pokrzywdzony, komu i jak należy pomóc. Bajki kreują spójny system orientacji, w którym elementy realne i nierealne tworzą jednolitą całość.

Jednak najważniejsza rola bajki tkwi w uwalnianiu od lęku poprzez oswojenie z zagrożeniem, poprzez danie wsparcia za sprawą świadomości, że dobra wróżka czuwa i oto nagle może nastąpić nieoczekiwana zmiana losu.

W bajkach czarodziejskich możemy wyodrębnić część zmienną i stałą. Zmienna odnosi się do opisywanej w bajkach rzeczywistości, opowiada, jaki jest ten świat. Zmienna — bo rzeczywistość ulega przeobrażeniom. Dziś dzieci rzadziej sięgają po opowieści o zaklętych rycerzach czy księżniczkach, bo jest to dla nich świat niezrozumiały, świat minionych epok, gdzie sukces postrzegało się wyłącznie w aspekcie korzystnego małżeństwa czy zmiany pozycji społecznej (z chłopa na króla). Proponowane wzory są nieprzydatne, śmieszne albo całkiem niezrozumiałe. Natomiast ta druga, stała część powoduje, że bajki zawsze cieszyły się niesłabnącym powodzeniem, ponieważ uwalniały od lęku. Oswojenie się z różnymi sytuacjami, które mogą się zdarzyć oraz fakt, że bohater zawsze znajduje rozwiązanie, czego efektem jest szczęśliwe zakończenie, sprawiają, że bajki obniżają poziom lęku. Te właśnie charakterystyczne cechy stanowią o uniwersalnym znaczeniu bajek. Poradzenie sobie w niezwykle trudnych sytuacjach wzmacnia wewnętrznie, daje siłę, nastawia optymistycznie do szukania rozwiązań w trudach dnia codziennego. Dawniej bajki tworzono dla dorosłych, dobrym przykładem są tutaj *Opowieści kanterberyjskie* Chaucera, których interpretacja może być różna, inaczej odczytują je dorośli, inaczej — co oczywiste — dzieci. Dziś to, co niegdyś było adresowane do dorosłych bądź było przedmiotem wiary, przeznaczone jest głównie dla dzieci, np. mity greckie, historia Robinsona Crusoe itp. Dynamiczne przeobrażenia cywilizacyjne powodują, że bajki czarodziejskie znajdują czytelników głównie wśród dzieci — od czteroletnich do dziewięcioletnich. Nieraz w okresie dorastania młodzież wraca do świata magii, by tam szukać wsparcia; ucieka od zbyt trudnej i smutnej rzeczywistości, by w czarodziejskim świecie bajek odnaleźć to, co człowiekowi najbardziej potrzebne, czyli nadzieję.

Bajka jest utworem, który rozwija i kształtuje osobowość dziecka. Przez pryzmat bajki poznaje ono świat, przenosi się w inne środowiska i okresy historyczne. Zaznajamia się z celami, do których dąży człowiek, poznaje sens egzystencji. Uczy się wzorów postępowania, poznaje normy moralne i zachowania, które są oczekiwane i nagradzane. Bajki, ukazując jakąś część rzeczywistości, zachęcają do jej poznawania. Jednym z ważniejszych zadań bajki jest rozwijanie wyobraźni. Dziecko nie tylko wyobraża sobie bajkową rzeczywistość, kojarząc ją z faktami i zdarzeniami, krajobrazami itp., lecz inspirowane przez bajki tworzy nowe historyjki, zmienia bądź wzbogaca ich treść, by w końcu wymyślać całkiem własne utwory. Dziecko uczy się nie tylko rozumieć rzeczywistość, ale także nabiera umiejętności jej zmieniania. Te nabyte kompetencje sprawdza w rzeczywistości realnej, usiłując zmienić bieg wydarzeń. Uczy się odróżniać fikcję od rzeczywistości. Poprzez bajkę dziecko kreuje samo siebie, upodabnia się do bohatera, przyjmuje jego wzorce moralne, sposoby myślenia i działania. Podziwia bohatera bajkowego, chce być takie jak on — odważne, piękne, dobre, skuteczne. Dziecko odkrywa własną tożsamość: kim jest i kim pragnie być.

Jak już wspomniano wcześniej, uniwersalna rola bajek polega na ich mocy wyzwalania emocji, a przede wszystkim na obniżaniu poziomu lęku. Dzieci lubią się bać wtedy, gdy wiedzą, że za chwilę nastąpi przyjemne uczucie ulgi. Dziecko zdaje sobie sprawę, że akcja rozgrywa się w umownym świecie i tak naprawdę to ani jemu, ani bohaterowi nic nie zagraża. Mali czytelnicy nie lubią opowiadań smutnych, kończących się tragicznie, bo takie historie pozostawiają lęk i uczucie niepewności co do własnego i innych losu. Takimi opowiadaniami nie można rozproszyć niepokoju. Szczęśliwe rozwiązanie buduje pokłady optymizmu i nadzieję, że własne problemy również zostaną rozwiązane.

Bajka pobudza do emocjonalnego zaangażowania się w uczucia, jakich doświadczają bohaterowie. Uwrażliwia na los ludzi, zwierząt, a nawet upersonifikowanych roślin i przedmiotów. Dziecko staje się wrażliwsze na zło, niesprawiedliwość, ból. Dzięki bajce może też w sposób zastępczy zaspokoić swe potrzeby psychiczne — poczuć się kochane, akceptowane, bezpieczne. Wcielając się w bohatera, ma poczucie, że dobra wróżka czuwa nad nim lub że umiejętność posługiwania się czarami może zmienić jego sytuację na tak korzystną, jak to stało się w bajce. Przez to czuje się bezpieczne; bajka daje mu wsparcie, poczucie siły i nadzieję.

Innym mechanizmem powodującym obniżanie poziomu lęku u dziecka jest wzbudzanie niepokoju poprzez opis niebezpiecznej sytuacji, w jakiej bohater się znajduje, a jednocześnie dziecko, rozpoznając ją, nie doznaje realnej szkody. Wówczas takie bodźce tracą zdolność wzbudzania strachu, a później lęku, zwłaszcza że dzieci wielokrotnie proszą o czytanie tej samej bajeczki, dzięki czemu zjawisko to utrwala się. Dlatego właśnie terapeuci stosują różne formy pracy z użyciem bajek — zarówno w stosunku do dzieci, jak i dorosłych.

Bajka może być odczytywana i służyć jako model czy wzorzec określonych zachowań. Można też wybierać niektóre fragmenty, które potem pacjent uzupełnia, a sposób, w jaki to robi, jest przedmiotem analizy i może służyć zarówno terapii, jak i diagnozie. W psychoterapii wykorzystuje się również to, że bajki umożliwiają zrozumienie problemów emocjonalnych. Przeżycia na obszarze granicznym między realnym a nierealnym światem ułatwiają pacjentom stopniowe ujawnianie problemów wynikających z układów rodzinnych.

Bajka terapeutyczna jako metoda obniżania poziomu lęku jest w psychoterapii zupełną nowością. Fabuła takiego fantastycznego opowiadania dotyczy różnych sytuacji wzbudzających lęk; w opowiadaniu terapeutycznym zastosowano następujące sposoby oddziaływania na bajkowego bohatera: konkretyzację i racjonalizację doznawanych lęków, wzmacnianie poczucia własnej wartości, uczenie pozytywnego myślenia, powtarzanie i łączenie bodźców lękotwórczych z takimi, które wywołują pozytywną reakcję emocjonalną.

Konkretyzacja lęku dokonuje się poprzez pokazanie dziecku, jakie osoby, przedmioty czy sytuacje go wywołują. Umożliwia to wypracowanie strategii pomocy bądź zapobiegania lękowi. Uświadomienie przyczyn i skutków wpływa na racjonalność działania i nieuleganie panice. Bajki terapeutyczne mają też na celu poszerzenie wiedzy dziecka o inne wzory, dotąd mu nie znane. W ten sposób może ono rozszerzyć swoje kompetencje w radzeniu sobie w nowej, trudnej sytuacji. Bohater bajkowy jest przecież w podobnej sytuacji, a to może ułatwiać proces utożsamiania się z bohaterem i naśladowania jego zachowań.

„Odwrażliwianie" poprzez bajki terapeutyczne dokonuje się przez oswojenie z osobami, przedmiotami czy sytuacjami wzbudzającymi lęk, tak że po jakimś czasie przestają te reakcje wywoływać.

Inna technika zastosowana w bajkach polega na kojarzeniu bodźców poznanych jako lękotwórcze z przyjemnymi emocjami, co w efekcie prowadzi do wyobrażania sobie bodźców uprzednio lękotwórczych — bez doznawania lęku; umiejętność tę dziecko przenosi potem na realne sytuacje życiowe.

Cechą charakterystyczną wszystkich bajek terapeutycznych jest to, że bohater bajkowy znajduje się w trudnej sytuacji i przeżywa lęk, a wprowadzone postacie i rozwój zdarzeń umożliwiają redukcję tego lęku — bohater uczy się różnych sposobów jego przezwyciężania, natomiast nabycie nowych kompetencji zmienia sytuację psychiczną i zachowanie bohatera. Taki schemat ma ułatwić dziecku „przeniesienie" doświadczeń bohatera i ich zasymilowanie. Bohater bajkowy wyposażony jest w cechy upodabniające go do małego czytelnika (zbliżony wiek, znalezienie się w podobnej sytuacji lękotwórczej).

Inną charakterystyczną cechą sposobu przedstawienia świata w bajkach terapeutycznych jest eksponowanie bodźców wyodrębnionychjako lękotwórcze i łączenie ich z bodźcami pozytywnymi tak, by ułatwić proces oswajania, wygaszania i przewarunkowania lęku u dziecka.

Wszystkie bajki terapeutyczne mają pewne stałe elementy dotyczące: głównego tematu, głównego bohatera, innych postaci bajkowych oraz tła opowiadania. Przy wykorzystaniu tego stałego schematu realizowane są w bajkach założone cele (konkretyzowanie i racjonalizowanie lęku, zastępcze wzmacnianie poczucia własnej wartości, uczenie pozytywnego myślenia, kształtowanie pozytywnego nastroju emocjonalnego i odwrażliwianie). W schemacie każdej bajki są następujące cztery elementy:

Główny temat — bohater opowiadania przeżywa sytuacje emocjonalnie trudne, które wyzwalają lęk. Określony jest rodzaj doznawanych uczuć. W każdej bajce dominuje inna sytuacja wyzwalająca lęk, np. lęk przed separacją od matki, przed bólem, ciemnością, kompromitacją, utratą kontroli nad własnym ciałem, śmiercią czy amputacją.

Główny bohater — to dziecko lub zwierzątko, z którym mały pacjent mógłby się identyfikować. Radzi on sobie ze wszystkimi pojawiającymi się trudnymi sytuacjami przy pomocy innych postaci bajkowych (zwierząt, przedmiotów), które pomagają mu zracjonalizować problem, ukierunkowują jego aktywność i uczą adekwatnych sposobów zachowania. W efekcie bohater postrzega siebie pozytywnie i każda bajka kończy się skutecznym rozwiązaniem trudnej sytuacji, a tym samym uwalnia go od lęku. Główna postać zdobywa nowe umiejętności radzenia sobie w trudnej emocjonalnie sytuacji, ponieważ nie tylko zna sposoby postępowania, ale i potrafi pozytywnie myśleć o sytuacji uprzednio wzbudzającej wyłącznie lęk.

Inne wprowadzone postacie — pomagają zwerbalizować lęk, uczą skutecznych sposobów zachowań, umożliwiają głównemu bohaterowi osiągnięcie sukcesu, uczą pozytywnego myślenia w sytuacjach lękotwórczych w kategoriach: mogę, potrafię, chcę, nie boję się, poszukuję rozwiązań. Postacie te kreują nastrój emocjonalny pełen miłości, serdeczności i zrozumienia, stymulują głównego bohatera do mówienia o swoich problemach, do otwierania się.

Tło opowiadania — jest tak skonstruowane, by bajka rozgrywała się w miejscach znanych dziecku, np. w bajkach „Ufuś" i „Perła" miejscem takim jest szpital, a w bajkach „Zuzi-Buzi" oraz „Mrok i jego przyjaciele" — ulica. Miejsca te są tak przedstawione, że wywołują u postaci bajkowych pogodny nastrój.

W dalszej części przedstawię konstrukcję zawartych w tej książce bajek, uwzględniając przede wszystkim występujące w nich stałe elementy.

Misiulek w przedszkolu

1) **Główny temat** — lęk przed porzuceniem, w tym przypadku przed porzuceniem w przedszkolu. Lękowi temu przeciwstawia się uświadomienie, że jest się bardzo kochanym, a zatem porzucenie nie grozi;
— uczenie innego myślenia o przedszkolu.

2) **Główny bohater** — mały miś, który boi się przedszkola. Lęk, jaki odczuwa, obniżany jest przez:
— uświadomienie, co było powodem lęku przed przedszkolem,
— danie wsparcia,
— nabycie innego myślenia o przedszkolu.

3) **Wprowadzone postacie** — rodzice-misie oraz kukiełka redukują lęk, bo:

— uświadamiają przyczyny lęku, wskazują, jak można sobie
z lękiem poradzić,
— uczą rozwiązywania trudnych sytuacji,
— kreują atmosferę akceptacji i zrozumienia,
— umożliwiają przeżycie przez bohatera sukcesu.
4) **Tło opowiadania** — typowe sytuacje, jakie przytrafiają
się przedszkolakom. W bajce są elementy humorystyczne, a zakończenie pogodne i optymistyczne.

Zagubiony promyczek

1) **Główny temat** — lęk przeżywany przez Promyczka, który się zgubił. Lękowi temu przeciwstawia się:
— uczenie racjonalnego rozwiązywania sytuacji,
— dawanie wsparcia przez przyjaźń.
2) **Główny bohater** — chłopiec, który spotyka Promyczka
(Promyczek zgubił się i nie może odnaleźć swojej mamy).
Redukcja lęku dokonuje się poprzez:
— uczenie racjonalnego rozwiązywania sytuacji trudnej,
— dawanie wsparcia przez przyjaźń,
— przyswojenie innego myślenia o sytuacji lękowej.
3) **Wprowadzona postać** — Promyczek, któremu chłopiec
wskazuje racjonalne rozwiązanie sytuacji, daje wsparcie poprzez
zrozumienie, akceptację, przyjaźń.
4) **Tło opowiadania** — przedstawiona sytuacja jest typowa: zagubiony maluch wieczorem w mieście.
W bajce kreowana jest pogodna atmosfera.
Bohaterem bajki jest chłopiec, który potrafi pomóc zagubio-
nemu Promyczkowi (identyfikacja z chłopcem pomagającym prze-
straszonemu Promyczkowi ma za zadanie zastępczo wzmocnić
siły dziecka, które przeżyło taką sytuację lub się jej obawia).

Zuzi-Buzi

1) **Główny temat** — lęk związany z separacją od matki. Lęk ten powoduje poczucie zagrożenia, osamotnienia, a nawet porzucenia i może generować na zasadzie przeniesienia reakcji lękowej również inne lęki, jak choćby lęk przed dzikimi zwierzętami. Przeciwwagą dla lęku separacyjnego i lęku przed dzikimi zwierzętami są:

— nabycie przez bohatera nowych kompetencji, co daje poczucie siły i ważności,

— rozbudzenie zainteresowań,

— radość z nawiązania przyjaźni.

2) **Główny bohater** — zajączek Zuzi-Buzi, przeżywający lęki uwarunkowane samotnością. Odczucia lękowe są bardzo dokładnie opisane, ujęte przyczynowo, tzn. ukonkretnione. Redukcja lęku dokonuje się przez:

— nabycie nowych kompetencji,

— przyswojenie sobie innego myślenia o sytuacji lękotwórczej,

— budowanie pozytywnego obrazu samego siebie.

3) **Wprowadzona postać** — myszka, która powoduje:

— zwerbalizowanie lęku,

— uczenie skutecznego sposobu radzenia sobie z lękiem poprzez inne myślenie o lęku i nabycie nowych kompetencji,

— kreowanie pozytywnego nastroju emocjonalnego,

— danie wsparcia poprzez ofiarowanie przyjaźni,

— przejawianie postawy akceptującej i rozumiejącej.

4) **Tło opowiadania** — przedstawiona sytuacja jest typowa; dziecko zostaje samo w domu i wówczas pojawia się paraliżujący lęk. W bajce kreowana jest pogodna atmosfera emocjonalna.

Wesoły Pufcio

1) **Główny temat** — lęk spowodowany utratą kontroli nad własnym ciałem oraz związany z nim lęk przed kompromitacją, odrzuceniem przez rówieśników oraz towarzyszące mu poczucie winy.

Lękom tym przeciwstawia się:
— uczenie innego sposobu myślenia o wydarzeniu wywołującym lęk (w tym wypadku o zmoczeniu się),
— przeżywanie niezwykłych przygód,
— nawiązywanie przyjaźni (wsparcie poprzez akceptację i okazywane zrozumienie),
— dawanie wsparcia przez przeniesienie odpowiedzialności na inną osobę (likwidowanie poczucia winy),
— wzmacnianie poczucia własnej wartości poprzez wskazywanie na inne umiejętności i zalety bohatera,
— kreowanie pogodnej atmosfery.

2) **Główny bohater** — mała dziewczynka, która przeżywa lęk związany ze zsiusianiem się w przedszkolu i w związku z tym obawia się odrzucenia przez rówieśników, ma poczucie winy i kompromitacji.

Przeżywane emocje są ukonkretnione poprzez ukazanie wywołujących je przyczyn. Lęk jest redukowany przez:
— nabycie innego sposobu myślenia o kompromitującym wydarzeniu,
— wzmacnianie poczucia własnej wartości opartej na umiejętnościach dziecka,
— wspomaganie dziecka za pomocą przeniesienia odpowiedzialności na inną osobę (uwolnienie od poczucia winy).

3) **Wprowadzone postacie** — misie i lale, które:
— uczą bohatera innego sposobu myślenia o wydarzeniu wywołującym lęk,
— kreują przyjemny nastrój pełen akceptacji i zrozumienia,
— dają wsparcie i wzmocnienie przez przeniesienie odpowiedzialności (uwolnienie od poczucia winy) i nagradzanie umiejętności bohatera oraz nawiązanie przyjaźni,
— umożliwiają przeżywanie niezwykłych przygód,
— uczą przeżywania sukcesu poprzez znalezienie sposobu na rozwiązanie zadania,
— uczą także otwartości, mówienia o swoich problemach.

4) **Tło opowiadania** — typowe blokowe mieszkanie.

W opowiadaniu dominuje atmosfera pełna radości, ciepła, co stymuluje do aktywności artystycznej (taniec).

Lisek Łakomczuszek

1) **Główny temat** — lęk przed wyśmianiem, kompromitacją, co spowodowane zostało przekroczeniem norm (łakomstwo).
Lękowi temu przeciwstawia się:
— racjonalne rozwiązanie problemu poprzez „wyrównanie kosztów",
— uczenie innego sposobu myślenia o sytuacji lękotwórczej (myślenia konstruktywnego),
— kreowanie pogodnej atmosfery,
— dawanie wsparcia poprzez przyjaźń (akceptacja i zrozumienie),
— budowanie wiary we własne siły przez rozwiązanie sytuacji trudnej emocjonalnie (samowzmocnienie).
2) **Główny bohater** — Lisek Łakomczuszek, który złamał nakazy i przeżywa lęk przed wyśmianiem.
Redukcja lęku dokonuje się poprzez:
— rozwiązanie problemu metodą „wyrównania kosztów",
— nauczenie się innego sposobu myślenia o sytuacji lękotwórczej,
— dawanie wsparcia dzięki akceptacji i zrozumieniu,
— budowanie poczucia własnej wartości poprzez właściwe rozwiązanie trudnej emocjonalnie sytuacji.
3) **Wprowadzona postać** — wiewiórka, która:
— daje bohaterowi sposób na rozwiązanie sytuacji trudnej emocjonalnie i wzbudzającej lęk,
— wzmacnia zachowania bohatera poprzez ich nagradzanie,
— kreuje atmosferę pełną akceptacji i zrozumienia,
— uczy innego sposobu myślenia o sytuacji lękotwórczej.
4) **Tło opowiadania** — świat bajkowy, lecz zdarzenia są typowe; dzieci wielokrotnie łamią nakazy diety (szczególnie dotyczy to dzieci chorych).

W opowiadaniu dominuje atmosfera pogodna, pełna akceptacji i zrozumienia.

Mrok i jego przyjaciele

1) **Główny temat** — lęk przed ciemnością, przed nieznanym, zagrażającym otoczeniem. Lękowi temu przeciwstawia się:
— zainteresowanie innymi, nowymi postaciami,
— przeżywanie przez bohatera niezwykłych przygód,
— uczenie innego myślenia o sytuacji wzbudzającej lęk,
— kreowanie pogodnego nastroju.

2) **Główny bohater** — mały chłopiec, który boi się ciemności i nieznanego otoczenia.

Lęk ten jest ukonkretniany poprzez wskazanie wywołujących go przyczyn. Lęk, jaki bohater odczuwa, jest redukowany przez:
— uczenie się innego myślenia o ciemności — odkrywanie innego świata,
— przeżywanie ciekawych przygód,
— nawiązywanie przyjaźni.

3) **Wprowadzone postacie** — mrok, cienie i kotek — które uczą dziecko skutecznych sposobów redukcji lęku poprzez:
— przeżywanie przyjemnych emocji w sytuacjach uprzednio niemiłych emocjonalnie,
— dawanie wsparcia i wzmocnienia przez okazywanie przyjaźni,
— kreowanie atmosfery akceptacji zachęcającej do mówienia o swoich problemach,
— uczenie innego myślenia o ciemności,
— umożliwianie przeżycia przez bohatera sukcesu (że się nie boi, że potrafi).

4) **Tło opowiadania** — stanowi je typowe mieszkanie; jest wieczór, dziecko samotnie przebywa w pokoju; w opowiadaniu dominuje pogodna atmosfera emocjonalna.

Ufuś

1) **Główny temat** — lęk związany z bólem i uszkodzeniem ciała.

W bajce opisane są typowe sytuacje i zabiegi, jakim poddaje się hospitalizowane dzieci, mianowicie badania lekarskie i laboratoryjne (pobieranie krwi z palca i z żyły, zdjęcie rentgenowskie, USG), jak i przygotowanie dziecka do zabiegu operacyjnego. Każda przedstawiona sytuacja lękotwórcza jest zracjonalizowana, pozbawiona elementów zagrożenia; bohater jest partnerem w dziele leczenia, akceptuje się jego autonomię. Przeciwwagą dla emocji lękowych są: racjonalizowanie sytuacji, zachęcanie do rozumienia istoty własnej choroby, stymulowanie współdziałania w procesie leczenia, umożliwienie autonomii (pobudzanie do niej), dawanie oparcia poprzez wprowadzenie postaci Ufusia, kreowanie przyjemnego nastroju.

2) **Główny bohater** — mały chłopiec, wiek około 7 lat, który zachorował na często spotykane u dzieci schorzenie, jakim jest zapalenie wyrostka robaczkowego. Sytuacje trudne, wywołujące lęk przed bólem, uszkodzeniem ciała i przed nieznaną aparaturą medyczną w tekście łączy się z sytuacjami pozytywnymi, takimi jak: rozbudzanie zainteresowania chorobą, procesem leczenia i aparaturą medyczną — co ma motywować bohatera do współpracy w leczeniu — oraz budowanie pozytywnego obrazu samego siebie (potrafię skutecznie działać, potrafię realizować wskazania lekarskie).

Lęk przed separacją od rodziny kompensowany jest przez przyjaźń z ufoludkiem, a poczucie winy, że z powodu choroby rodzice martwią się, jest przeciwstawione racjonalnemu, medycznemu wyjaśnieniu choroby, jej przyczyn i skutków oraz sposobów leczenia. O doznawanych emocjach mówi się bardzo dokładnie i przeciwstawia im się doznania o znaku przeciwnym.

3) **Wprowadzona postać** — ufoludek, który:
— przeżywa i odzwierciedla te same emocje co bohater, co umożliwia konkretyzowanie emocji, tzn. powiązanie ich przyczyn z objawami;

— daje bohaterowi wsparcie poprzez swoją akceptację i przyjaźń;
— organizuje czas wolny tak, że chłopiec nie odczuwa przykrych skutków izolacji;
— staje się absorbentem lęku dziecka, udziela mu pomocy, budując w ten sposób siły wewnętrzne poprzez pozytywne wyobrażenia o sobie samym (ja pomagam innym);
— zachęca do otwierania się, mówienia o swoich problemach;
— kreuje pozytywną atmosferę emocjonalną.

4) **Tło opowiadania** — akcja rozgrywa się w szpitalu. Służba medyczna w sposób partnerski traktuje bohatera, racjonalizuje sytuacje, które wywołują lęk, wyjaśniając procedurę leczenia. Realistycznie odtworzona jest atmosfera szpitala i zachowanie się pracujących w nim ludzi.

Księżycowy domek

1) **Główny temat** — lęki wywołane nadużywaniem alkoholu przez jednego z rodziców, kłótniami, przemocą w rodzinie, a także lęki związane z poczuciem bycia gorszym. Bajka opowiada o tych problemach w taki sposób, że dzieci, które nie mają podobnych doświadczeń, postrzegają ją jako bajkę o pogodzie, nie są więc obarczane niepotrzebnymi, negatywnymi emocjami.

2) **Główni bohaterowie** — Tęcza, Chmurek i Mgiełka. Ich lęki opisane są na tle sytuacji, ujęte w aspekcie przyczynowym. Redukcja lęków dokonuje się poprzez:
— uświadomienie objawów lęku i ich przyczyn wraz z towarzyszącymi im zachowaniami,
— budowanie pozytywnego obrazu samego siebie.

3) **Wprowadzone postacie** — Księżyc i pies Klucz powodują:
— danie wsparcia poprzez zrozumienie,
— budowanie pozytywnego obrazu samego siebie,
— wskazanie na sposoby racjonalnego rozwiązania sytuacji.

4) **Tło opowiadania** — przedstawiona sytuacja i zachowanie rodzica-alkoholika, jego rodziny jest typowa. Zakończenie optymistyczne.

Dziewczynka z obrazka

1) **Główny temat** — lęk przed odrzuceniem przez grupę, przed wyśmianiem i poniżeniem.

Lękowi temu przeciwstawia się:
— danie wsparcia poprzez akceptację i przyjaźń,
— wskazanie na sposób rozwiązania trudnej sytuacji,
— budowanie pozytywnego obrazu samego siebie.

2) **Główny bohater** — dziewczynka, która przeżywa trudne emocjonalnie sytuacje związane ze zmianą szkoły. Uczucia bohaterki ujęto przyczynowo-skutkowo.

Redukcja lęku dokonuje się poprzez:
— wsparcie, jakie daje dziewczynka z obrazka,
— nabycie innego zachowania i myślenia o nowych koleżankach i kolegach.

3) **Wprowadzona postać** — dziewczynka z obrazka, Stela, pomaga:
— wypracować strategię działania,
— kształtować poczucie własnej wartości i skuteczności działania poprzez zrozumienie i przyjaźń.

5) **Tło opowiadania** — typowa sytuacja w nowej klasie. Atmosfera opowiadania pozytywna, szczęśliwe zakończenie.

Lustro

1) **Główny temat** — lęk przed śmiercią. Lękowi temu przeciwstawia się:
— pełen wdzięku inny świat po drugiej stronie lustra,
— uczenie innego sposobu myślenia o śmierci; jest to przejście na „drugą stronę" do bliskich sobie osób, przedmiotów i zdarzeń,
— kreowanie pogodnej atmosfery,
— dawanie wsparcia poprzez przyjaźń i miłość,
— budowanie sił wewnętrznych przez wyzwalanie uczucia zadowolenia z nabytych umiejętności.

2) **Główny bohater** — dziewczynka, która jest bardzo chora i jej mama obawia się, że dziecko umrze; sama bohaterka także odczuwa niepokój.

Obniżanie poziomu lęku dokonuje się poprzez:
— nabycie innego sposobu myślenia o śmierci i o tym, co się dzieje za jej progiem,
— wzmacnianie poczucia własnej wartości dzięki nabytym umiejętnościom,
— zdobycie nowych przyjaciół.

3) **Wprowadzone postacie** — koleżanki, babcia.

Uczą one bohaterkę innego sposobu myślenia o sytuacji wzbudzającej niepokój, nagradzają dziewczynkę za jej zachowanie, kreują atmosferę pełną przyjaźni i zrozumienia.

4) **Tło opowiadania** — świat bajkowy, lecz sytuacja typowa: chore dziecko leży samotnie w łóżku.

Atmosfera opowiadania jest pogodna.

Perła

1) **Główny temat** — lęk przed zabiegiem chirurgicznym — amputacją.

Lękowi temu przeciwstawia się:
— uczenie innego sposobu myślenia o sytuacji, jaką jest amputacja kończyny,
— poznanie niezwykłej perły i jej przygód,
— dawanie wsparcia poprzez przyjaźń.

2) **Główny bohater** — chłopiec, który jest chory i prawdopodobnie będzie poddany zabiegowi amputacji.

Obniżanie poziomu lęku dokonuje się poprzez:
— nabycie innego sposobu myślenia o sytuacji, jaką jest amputacja kończyny (innym też się to zdarza, np. perle; dodatkowo to zdarzenie może ujawnić nowe zdolności i umiejętności bohatera),
— wzmocnienie poczucia własnej wartości (już się nie boję tego, co będzie po operacji),

— zdobycie nowego przyjaciela — perły.

3) **Wprowadzone postacie** — perła, pielęgniarka. Uczą one innego sposobu myślenia o sytuacji lękotwórczej, nagradzają za właściwe zachowania, kreują atmosferę przyjaźni i zrozumienia.

4) **Tło opowiadania** — świat bajkowy, lecz sytuacja typowa: szpital i chore dziecko oczekujące na zabieg. Atmosfera opowiadania jest pogodna.

Przedstawiono powyżej cechy charakterystyczne dla wszystkich bajek terapeutycznych oraz ich stałe elementy, abyście Państwo sami mogli układać bajki terapeutyczne, gdy zaobserwujecie u dziecka jakiś lęk. Bajki, które znajdują się w trzeciej części książki, służą do zmniejszenia lęku przed porzuceniem („Misiulek w przedszkolu"), zagubieniem („Zagubiony promyczek), separacją od matki („Zuzi-Buzi"), utratą kontroli nad własnym ciałem („Wesoły Pufcio"), kompromitacją („Lisek Łakomczuszek"), ciemnością („Mrok i jego przyjaciele"), hospitalizacją („Ufuś"), konfliktami w rodzinie („Księżycowy domek"), grupą szkolną („Dziewczynka z obrazka"), śmiercią („Lustro"), amputacją („Perła").

„Przepis" na ułożenie bajki terapeutycznej, jaki przedstawiono wyżej, a obejmujący wyodrębnienie cech charakterystycznych i stałych elementów w jej strukturze, należy uzupełnić o pewne wskazówki praktyczne.

Wybierając bohatera bajkowego, należy go upodobnić do dziecka wyłącznie w zakresie wieku i bycia w podobnej sytuacji lękotwórczej. Nie należy nadawać takiego samego czy podobnego imienia, nie upodabniać też fizycznie. Poprzez bajkę nie można narzucać sposobu myślenia, nie można pouczać. Często w efekcie takiego działania osiąga się wręcz przeciwny rezultat. Pamiętajmy — bajka terapeutyczna jest zawsze propozycją, którą dziecko może odrzucić lub przyjąć. Gdy bohatera nazbyt upodobnimy do małego czytelnika lub słuchacza, może on poczuć się zdemaskowany, ośmieszony, a niewykluczone, że jeszcze potrzebuje czasu, jeszcze nie potrafi mówić o swoich problemach, nie życzy sobie tego.

Dziecko musi samodzielnie bajkę „przepracować", to znaczy znaleźć te elementy, które będą przydatne w dialogu z samym sobą, które pomogą zrozumieć własne emocje, uzyskać wsparcie przez identyfikację z bohaterem, zapoznać się ze wzorami myślenia i zachowania innymi niż te, jakie są w jego repertuarze. Dziecko wybierze bajkę, która odpowiada na jego problemy, a sygnałem będzie to, że wielokrotnie właśnie do tej bajki zechce wracać, prosząc o jej powtarzanie. Prawidłowość tę pierwszy zauważył Bruno Bettelheim, widząc zainteresowanie dzieci niektórymi baśniami. Wybraną bajkę należy czytać wiele razy, zgodnie z życzeniem, a jeszcze lepiej ją opowiadać. Wtedy nawiązujemy bezpośredni kontakt z dzieckiem, odbieramy jego emocje, lepiej pojmujemy reakcje. Poznajemy, co je szczególnie interesuje, czego się boi, a co je cieszy. Możemy wówczas lepiej nie tylko rozumieć dziecko, ale również dać mu większe wsparcie. Niektóre bajki przejdą nie zauważone, innych dziecko tak do końca nie zrozumie, co będzie wskazówką, iż nie są to dla niego problemy ważne. By niepotrzebnie nie obciążać negatywnymi emocjami małego czytelnika, czasem należy użyć metafor. W bajce „Księżycowy domek" posłużono się właśnie tą metodą. Opowiadanie ma dotrzeć tylko do tych dzieci, które w domu rodzinnym mają problem alkoholowy. Dla innych jest to bajka o pogodzie, ponieważ występują w niej takie postacie, jak Burza, Wicher, Tęcza, Chmurek i Mgiełka, które jednoznacznie kojarzą się z aurą.

Jak już wcześniej wspomniano, bajki terapeutyczne należy stosować, gdy dziecko jest w sytuacji lękotwórczej i doświadcza lęku. Także wtedy, gdy objawia niepokój, bądź w celach profilaktycznych. Poprzez kontakt z bajką terapeutyczną dziecko w sytuacji, gdy doświadcza lęku (np. jest hospitalizowane), otrzymuje wsparcie, uczy się pozytywnego myślenia o sytuacji, w której się znalazło, zastępczo zaspokaja potrzeby, jak również uświadamia sobie własne uczucia, ich objawy i przyczyny.

Bajka, która dotyczy problemów odczuwanych przez dziecko, pomaga uporać się z przeżytym doświadczeniem, z zalegającymi emocjami, pozwala nadać im odpowiednie znaczenie. Umożliwiając powtórne przeżycie sytuacji lękowej, pomaga usunąć lęk bądź przynajmniej go obniżyć. W profilaktyce bajki te oswajają z potencjalnym zagrożeniem, przygotowują do racjonalnego, pozytywnego myślenia i działania. Poza tym bajki sprzyjają rozwojowi osobistemu w aspekcie tzw. inteligencji emocjonalnej. Przedstawianie stanów emocjonalnych bohatera, zarówno tych pozytywnych, jak i negatywnych, sprzyja rozwojowi empatii, rozumieniu siebie i innych, ułatwia komunikację, skłania do niesienia pomocy.

Doświadczenia nabyte w czasie układania bajek terapeutycznych wskazują na potrzebę omówienia dwóch zagadnień. Pierwsze dotyczy opisywania doznań emocjonalnych i wiązania ich z przyczynami, które je spowodowały. Tekst ma umożliwić dziecku przeżycie emocji, jakich ono doznawało lub doznaje poprzez doświadczenia bajkowego bohatera. Dlatego należy zwrócić szczególną uwagę na opis emocji na początku bajki, przedstawić sytuację, która je wywołała (główny temat bajki). Później, w zakończeniu, wyeksponować pozytywne emocje. Przedstawiając sytuacje trudne emocjonalnie, opisujemy prawdziwe odczucia, ale bez elementów grozy, zawsze jednak w połączeniu z sytuacją je wywołującą. To bardzo ważne, by dziecko uświadomiło sobie uczucia doznawane przez bohatera i powiązało je z przyczynami; inaczej mówiąc — by nastąpiła ich konkretyzacja i racjonalizacja. Dziecko łatwiej wówczas utożsami się z bohaterem, co w efekcie prowadzi do oczekiwanych skutków.

Druga uwaga dotyczy fabuły. Należy bajki przemyśleć i wzbogacić o ciekawą treść tak, by dziecko było zainteresowane. Poprzez fabułę opowiadania uczy się ono strategii pozytywnego myślenia. Ułożenie fabuły spełniającej ten warunek nie jest łatwe, tym bardziej, że należy wystrzegać się demagogii. Tło opowiadania winno być pogodne, często zabarwione humorystycznie. Wówczas bajki będą miały „moc terapeutyczną". Dziecko odnajdzie w opisywanej sytuacji siebie, swe doznania, i jeśli fabuła umożliwi mu przyjęcie innego sposobu myślenia o sytuacji lękotwórczej, to wtedy będzie to sprzyjało wypracowaniu innego myślenia o konkretnej sytuacji mu zagrażającej, a także ułatwi identyfikację z bohaterem. Tym samym obniży lęk czy nawet zlikwiduje go.

Warto jeszcze przyjrzeć się funkcjom bajek terapeutycznych zamieszczonych w tej książce, co pomoże lepiej zrozumieć mechanizm ich oddziaływania.

Funkcje te można rozważać w dwojakim ujęciu:
— w jaki sposób w bajkach jest realizowana redukcja lęku,
— jak bajki terapeutyczne mają spełniać zadanie obniżania poziomu lęku u dzieci.

W bajkach terapeutycznych realizuje się ukonkretnienie lęku, jego racjonalizacja, wzmocnienie poczucia wartości bohatera poprzez nagradzanie i uczenie pozytywnego myślenia. Stosowane są w nich techniki polegające na powtarzaniu w tekście bodźców przyjętych jako lękotwórcze i łączenie ich z innymi, wywołującymi u bohatera pozytywne reakcje emocjonalne. Realizacja tych zadań, jak również tematyka bajek, sposób przedstawienia, stałe elementy schematu każdego utworu mają na celu obniżanie poziomu lęku u dzieci.

Bajka terapeutyczna może ułatwiać obniżenie poziomu lęku poprzez dostarczenie odpowiedniej wiedzy o osobach, przedmiotach, zdarzeniach wywołujących lęk oraz umożliwiać racjonalizację lęku poprzez informację, jak należy postępować w sytuacji go wywołującej. Redukcja lęku dokonać się może przede wszystkim dzięki mechanizmom naśladownictwa i modelowaniu wzorca, jakim jest bohater bajkowy. Dzięki temu procesowi dziecko może otrzymać zastępcze wzmocnienie poczucia własnej wartości, utrwalić skuteczne sposoby działania, myśleć pozytywnie. Poprzez łączenie w bajkach bodźców lękotwórczych z bodźcami wywołującymi przyjemne reakcje emocjonalne może zajść proces wygaszania i przewarunkowania reakcji lękowych.

Zanim przystąpicie Państwo do lektury bajek, spójrzmy jeszcze na mechanizm oddziaływania bajki terapeutycznej na dziecko. U jego podstaw leży mechanizm naśladownictwa, czyli uczenia się przez obserwację oraz utożsamianie się z głównym bohaterem. O ile uczenie się poprzez naśladowanie zachowań bohaterów literackich nie budzi wątpliwości, to wyjaśnienia wymaga fakt utożsamiania się z nim dzięki wyobraźni. Dziecko odbiera bohatera, opierając się na opisie autorskim, ale skonstruowany na tej podstawie obraz jest przecież samodzielnym wytworem. W momencie, gdy bohater bajkowy ma już swoją tożsamość, zachodzi związek między nim a dzieckiem. Początkowo dziecko doświadcza tego kontaktu podobnie jak z nowo poznanym kolegą. Później zaczyna się z nim utożsamiać. Natrafiając na inny punkt widzenia, dziecko konfrontuje go ze swoim. Prowadzić to nieraz może do uznania za własny punkt widzenia bohatera. Tym bardziej że jest to postać dla dziecka atrakcyjna. Zachowania i poglądy bohatera z czasem staną się własnością dziecka. Tak jak dziecko przejmuje pewne cechy i zachowania od rodziców, kolegów i nauczycieli, tak samo też może je przejmować od fikcyjnych bohaterów bajek. Oczywiście nie prowadzi to do wiernego skopiowania tychże bohaterów, jest natomiast przejawem bardzo indywidualnej twórczej działalności dziecka w procesie kształtowania własnej osobowości.

Czynnikami, które sprzyjają temu procesowi, są: wzory zachowań, które są dziecku nieznane; niezwykła chłonność dziecka w ich powielaniu, co wynika ze szczupłego repertuaru własnych zachowań; oddziaływanie na zmysł słuchu, a nie wzroku, ponieważ dziecku łatwiej upodobnić się do bohatera, który jest jego wyobrażeniową kreacją; wybór bohatera — dziecko wybiera najbardziej do siebie podobnego pod względem wieku, wyglądu itp., sytuacji, w jakiej się znajduje, i nie zaspokojonych potrzeb. Nagrodą, jaką dziecko może uzyskać, utożsamiając się z bohaterem, może być zastępcze zaspokojenie potrzeb, co pomaga w uzyskaniu dobrego samopoczucia, zmniejsza lęk oraz buduje pozytywny obraz samego siebie; utożsamianie się z bohaterem wzmacnia wiarę we własne siły.

W świetle tych rozważań wydaje się, że bajki terapeutyczne są szczególnie dobrą metodą zmniejszania bądź usuwania lęku i wzbogacania osobowości dziecka.

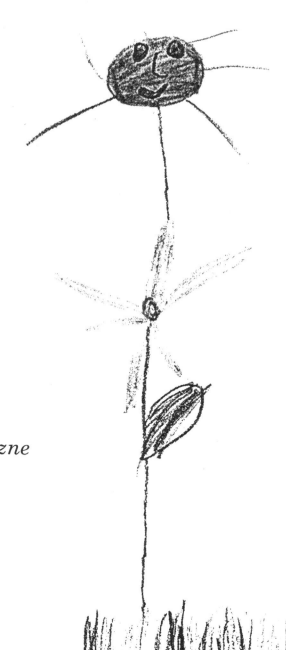

Bajki terapeutyczne

Misiulek w przedszkolu

Daleko stąd, bardzo daleko, w samym środku lasu, jest miasteczko, w którym mieszkają zwierzęta. Ulice w tym mieście odchodzą promieniście od okrągłego i bardzo dużego placu. Wszystkie liski mają swe domki przy ulicy Liskowej, wiewiórki przy Wiewiórkowej, sarenki przy Sarenkowej, a niedźwiadki przy Niedźwiadkowej.

W samym środku miasta na placu znajdują się kawiarnie, gdzie podają pyszne ciasteczka z kremem i lody o smaku chmurkowym, niebiańskim lub leśnym. Stoją tam też karuzele, takie, co to sięgają chmur i kręcą się tak szybko, że słychać świst wirującego powietrza. W tłumie przechodniów pojawiają się klowni w za dużych butach, zbyt krótkich spodenkach i w za ciasnych kubraczkach. Robią różne psikusy. Z ukrytych sikawek polewają wodą niczego nie przeczuwających przechodniów, albo robią dziwne miny, przedrzeźniają i rozśmieszają wszystkich. Na tym wielkim placu znajduje się przedszkole i szkoła dla młodych zwierzaków. One też przecież chodzą do przedszkola i szkoły, gdzie bawią się i uczą.

W takim właśnie miasteczku mieszkał mały miś, który miał na imię Misiulek. Niedźwiadek ten był okrągły jak piłeczka, łapki miał grube jak wałeczki, ale był zwinny, ruchliwy i ciekawski tak, że wszędzie go było pełno. Nosek miał perkaty, a buzię zawsze uśmiechniętą. Gadułą też był nieznośnym, takim, który wiecznie pyta, dlaczego deszcz pada z góry, a nie z dołu, dlaczego w zimie nie kwitną kwiatki albo dlaczego niedźwiadki nie fruwają?

Misiulek mieszkał oczywiście przy ulicy Niedźwiadkowej z mamą i tatą niedźwiedziami. Dom ich był duży, bo misie to przecież grubasy i potrzebują dużo przestrzeni, szczególnie dla swych brzuszków, które tak dumnie noszą przed sobą. W domku tym były trzy pokoje. Dwa na piętrze — jeden mniejszy Misiulka, a drugi — większy — rodziców. Na parterze znajdował się pokój największy. W nim właśnie rodzina niedźwiedzi zasiadała do posiłków. Tutaj dorosłe niedźwiedzie odpoczywały na wielkich, wygodnych kanapach i tutaj też Misiulek bawił się na ogromnym dywanie.

Żyło im się bardzo szczęśliwie. Tato rano wychodził do pracy, do lasu, a mama gotowała, sprzątała, prała, prasowała, robiła zakupy i jeszcze zajmowała się tysiącem innych spraw, ale zawsze znajdowała czas, by porozmawiać lub pobawić się ze swoim synkiem.

Tak mijał dzień za dniem. Aż pewnego wieczoru mama oświadczyła, że podejmie pracę, a Misiulek pójdzie do przedszkola. Zaległa cisza tak straszna, że było słychać nawet brzęczącą muchę. Tato odłożył gazetę i spojrzał na żonę zdumionym wzrokiem.

— Tak, już zdecydowałam. Jutro rozpoczynam pracę — powiedziała.

Tato milczał zdziwiony. Misiulek nie był zadowolony z tej decyzji.

— A co ja będę robił? — spytał. — Bo do przedszkola nie chcę iść.

— Ależ kochanie — przekonywała mama. — Będziesz tam wspaniale się bawił z innymi zwierzątkami. Jesteś już dużym misiem i wielki czas, żebyś poszedł do przedszkola — dokończyła stanowczo.

— Czy ja tam nie zostanę na zawsze? Czy wy mnie z tego przedszkola odbierzecie? — z niepokojem wypytywał miś. Po namyśle dodał:

— Nie, ja nie chcę tam iść. Nie chcę!

— Nie rozumiem, dlaczego nie cieszysz się na spotkanie z innymi przedszkolakami — mówiła już lekko podenerwowana mama. — Będzie wspaniale — zapewniała. — Zobaczysz, polubisz to przedszkole.

Po czym zwróciła się do taty i zaczęła opowiadać, jak bardzo jest zadowolona, że znalazła zajęcie i już jutro rozpocznie pracę. Na Misiulka nie patrzyła, dając mu w ten sposób do zrozumienia, że sprawa jest przesądzona i nie podlega dyskusji. On jednak nie przestawał się martwić. Nie wiedział dokładnie, co będzie robił w przedszkolu, ani też jak długo tam pozostanie. Chciał o coś zapytać, ale rodzice nie zwracali na niego uwagi. Byli zajęci rozmową. Westchnął więc bardzo ciężko i próbował układać puzzle, jednak myśl o przedszkolu nie dawała mu spokoju.

Zbliżał się wieczór — pora, kiedy wszystkie misie siadają do smacznej kolacji. Z kuchni dochodziły zapachy, które wkręcały się wprost w nosek, a ślinka sama płynęła do ust. Misiulek zapomniał o przedszkolu, wdrapał się na swój stołeczek i nie czekając na nikogo, zaczął z wielkim apetytem pałaszować budyń czekoladowy.

— Ach, ty łakomczuszku — delikatnie strofowała go mama. — Nawet nie umyłeś łapek i w dodatku na nas nie poczekałeś. Nauczą cię dobrego wychowania w tym przedszkolu, oj, nauczą.

Zabrzmiało to jak groźba.

— A teraz marsz do łazienki. Umyj łapki.

Misiulek pobiegł tak szybko, jak potrafił, i znowu przypomniał sobie o przedszkolu. Tam musi być okropnie, co oni będą tam ze mną robili?

Wrócił pełen obaw i już chciał zapytać o to przedszkole, ale spojrzał na budyń czekoladowy i zapomniał o wszystkim. Z przejęciem pochłaniał ogromną porcję. Potem bardzo z siebie zadowolony pogłaskał się po brzuszku, ziewnął raz i drugi, oczka zaczęły mu się same sklejać i po chwili spał smacznie w swoim łóżeczku.

Rano obudził go hałas, głośne krzątanie się mamy po jego pokoju i nawoływania:

— Syneczku, Misiulku, pora wstawać! Idziemy do przedszkola.

Misiulek usiadł na łóżeczku, przetarł łapkami oczy, przeciągnął i powiedział:

— Co to za zanudzanie tym przedszkolem? Może jutro się wybiorę. Jeszcze się nie zdecydowałem.

— Ależ Misiulku, przestań żartować. Musisz wstawać — powiedziała mama tonem nie znoszącym sprzeciwu.

— Nie mogę jeszcze poleżeć w łóżeczku? — spytał się przymilnie.

— Nie — odparła. — Bardzo się spieszę. Muszę zdążyć do pracy.

Minę miała poważną.

— Nie pora na żarty — dodała.

Misiulek wydął wargi z niezadowoleniem i wolno, ociągając się, wstawał z łóżeczka. Spojrzał uważnie na mamę. Była zdenerwowana i zachowywała się bardzo dziwnie. Nie pocałowała swego synka na dzień dobry, tylko stale go poganiała, powtarzając:

— Nie widzisz, że się spóźnimy? Niegrzeczny misiu!

No to co, że się spóźnimy? Mnie wcale się tak nie spieszy — myślał Misiulek.

— Oj, ty niedobry Misiaku — mówiła mama, ciągle spoglądając na zegarek.

Później trzymając Misiulka mocno za rękę, z całej siły ciągnęła go w stronę drzwi.

Na ulicy przyspieszała kroku. Misiulek stawiał opór, więc co chwilę mama szarpała go za łapkę, bo nie nadążał.

Zdyszani, zmęczeni znaleźli się na placu przed niedużym budynkiem otoczonym płotem. Mama podeszła do bramy, która była zamknięta. Zadzwoniła i po chwili usłyszeli ciche buczenie. Brama się otworzyła. Oj, niedobrze, niedobrze. Tutaj zamykają dzieci — pomyślał ze strachem Misiulek. Weszli do wnętrza budynku i znaleźli się w obszernym korytarzu, w którym na obu przeciwległych ścianach zamontowane były wieszaki. Stały pod nimi niskie ławeczki. Każdy wieszak oznaczony był innym obrazkiem. Przy jednym z wieszaków nie było znaczka i właśnie przy tym stanęła mama. Sięgnęła do kieszeni płaszcza i trzymając coś w dłoni, powiedziała:

Maria Dobierska, lat 6

— To twój znaczek rozpoznawczy.

Misiulek oczom nie wierzył. Zobaczył trąbkę narysowaną na małym kartoniku.

— Ja nie chcę tej trąby! — wrzasnął. — Wiesz, jak będą mnie przezywali? Trąba! Nie chcę być trąbą!

Mama jednak nie słuchała jego protestów.

— To przecież nie ma znaczenia. Ma być trąba i bez dyskusji — zakończyła.

Misiulek cały nachmurzony spojrzał na nią, jakby chciał się upewnić, czy to jest jego mama, taka była odmieniona. Co prawda wyglądała bardzo podobnie, ale zachowywała się, jakby była zaczarowana, taka wydawała się obca. Szybko założyła synkowi fartuch oznaczony nieszczęsną trąbką, oraz kapcie, na których też wyhaftowane były trąby.

— Będą mnie przezywać trąba — z rezygnacją stwierdził Misiulek.

Mama energicznym ruchem pociągnęła go w stronę wielkich drzwi prowadzących do sali. Otwarła je i Misiulek zobaczył wiele różnych zwierzątek siedzących na małych krzesełkach przy stoliczkach i jedzących zupkę. Pośrodku sali leżało dużo różnych zabawek: lokomotywa z wagonikami, samochód ciężarowy z wielką przyczepą, klocki, lale, misie i wiele innych. Przy biurku, blisko okna, siedziała wielka i gruba słonica. Na trąbie miała okulary i coś zapisywała w zeszycie.

— O, nowy przedszkolak. Witamy — powiedziała, podnosząc głowę.

Wyciągnęła w stronę Misiulka trąbę, chcąc go pogłaskać po głowie.

— Jak masz na imię? — spytała.

Ona jest chyba starsza od węgla kamiennego — pomyślał przestraszony miś. Schował się za mamę i wychylając się trwożliwie, odpowiedział:

— Mam na imię Misiulek i tak proszę mnie nazywać.

Pani tymczasem owinęła go trąbą i postawiła na środku sali. Nie wiedział, co teraz powinien zrobić, jak się zachować. Rozejrzał się — mamy już nie było. Został sam z nieznanymi zwierzątkami i panią słonicą.

— Znajdź sobie miejsce przy stoliku — powiedziała nauczycielka.

Po czym, zwracając się do pozostałych zwierzątek, oznajmiła:

— To jest wasz nowy kolega. Przyjmijcie go do grupy i zróbcie mu miejsce przy stoliku.

Misiulek dalej stał nieruchomo, wzrokiem szukając wolnego miejsca. Jedno krzesełko przy ostatnim stoliku było wolne. Misiulek zbliżył się nieśmiało. Siedział tam mały zajączek i dwie myszki. W milczeniu jedli zupkę. Kiedy usiadł, myszki na moment przerwały jedzenie i przyglądały mu się badawczo. Na pewno zauważyły znaczek, bo coś do siebie poszeptały i zaczęły chichotać. Zajączek miał opuszczone uszy, smętnie patrzył w talerz i jadł wolno, jakby był mechanicznym manekinem, a nie zajączkiem.

Misiulek spojrzał na talerzyk stojący przed nim. Nie miał ochoty choćby na skosztowanie zupki. Brrr... Ciszę przerwał tubalny głos słonicy:

— Misiulku, proszę jeść zupkę. Jest bardzo smaczna.

Zabrzmiało to jak rozkaz. Miś posłusznie wziął w łapki łyżkę i spróbował zupki. Nie smakowała mu, nie miał apetytu, poza tym czuł się tutaj obco, nie-swojo, nikogo nie znał. Chciał powiedzieć, że zupka jest niedobra, ale głos uwiązł mu w gardle i nie mógł wykrztusić słowa. Słonica wstała z miejsca. Podeszła do Misiulka, pochyliła się nad nim i powiedziała stanowczym tonem:

— Proszę jeść.

Cóż więc miał zrobić? Wkładał łyżkę do ust i z trudem przełykał zupkę. W główce kłębiły się myśli — może mama zostawiła go tu na zawsze, może już nigdy nie zobaczy rodziców? Nie, to niemożliwe — przekonywał sam siebie. Niech już mama przyjdzie, jak najszybciej niech przyjdzie i mnie stąd zabierze. Zupa jest taka niesmaczna i wcale mi się tutaj nie podoba — myślał.

Pani w dalszym ciągu stała obok niego, zmuszając go w ten sposób do jedzenia wstrętnej zupy. Nareszcie zjadł wszystko, lecz zamiast uczucia ulgi rozbolał go brzuszek.

— Ja muszę iść do domu. Boli mnie brzuszek, proszę wezwać moją mamę — powiedział, zwracając się do słonicy.

Pani w odpowiedzi pogłaskała go po głowie i stwierdziła:

— Zaraz ból minie. Zapomnisz o nim podczas za-bawy. Grzeczny miś, zjadł zupkę — pochwaliła.

Dlaczego pani nic nie mówi o mamie? Ja już chyba tutaj zostanę na zawsze — z trwogą myślał Misiulek. Brzuch dokuczał mu coraz bardziej, a do tego rozbolała go głowa.

— Ja chcę do mamy, do mamy — rozpłakał się, bo poczuł się zupełnie bezradny.

— Ale beksa — powiedziała jedna myszka do drugiej. — A do tego trąba — stwierdziły zgodnie. — Beksa i trąba — powtarzały, chichocząc.

Zwierzątka siedzące przy innych stoliczkach odwróciły się w stronę misia i zaczęły powtarzać:

— Misiulek beksa, Misiulek trąba...

Tylko zajączek siedział nieruchomo. Dla misia tego było już za wiele.

— Chcę do mamy, do domu! — krzyczał.

— Ale przedstawienie — powiedziała pani i z niezadowoleniem pokręciła głową. — Dzieci, proszę nie zwracać na niego uwagi. Oswoi się z przedszkolem i przestanie.

Misiulkowi łzy jak groch płynęły po pyszczku. Coraz ciszej powtarzał:

— Do mamy, do mamy...

Myszki siedzące obok kręciły główkami i powtarzały:

— Ale trąba, ale beksa!

Misiulek poczuł, że będzie wymiotować. Nie zdążył nawet o tym powiedzieć pani. Po chwili pod stoliczkiem była już wielka kałuża.

— Proszę pani, proszę pani! — piskliwymi głosami krzyczały myszki. — On zwymiotował! Ja nie chcę obok niego siedzieć! — przekrzykiwały się jedna przez drugą.

Słonica zawołała lisicę, która z wielkim wiadrem i szmatą wpadła do sali.

— O, brzydki miś — powtarzała, wycierając podłogę. — W przedszkolu nie wolno wymiotować.

Misiulek siedział na małym krzesełku, ocierał łapką łzy toczące się po policzkach i cichutko powtarzał:

— Do mamy, do mamy...

Łapki zaciskał w piąstki. Był coraz bardziej zagniewany na mamę, że go tutaj zostawiła, ale jednocześnie nie opuszczał go lęk, iż na zawsze może zostać w przedszkolu. Niepokój i gniew zalewały go jak wielka fala.

Tymczasem zwierzątka odeszły od stolików i zaczęły się bawić na dywanie. Obok niego pozostał tylko smutny zajączek. Nie odzywali się do siebie, ale przyglądali się sobie badawczo. Zajączek również minę miał nietęgą. Nie płakał, lecz usta zaciśnięte w podkówkę świadczyły, że lada moment się rozpłacze. Pani przyniosła im kartki, kredki i zachęcała do rysowania. Misiulek i zajączek nadal milczeli i w ogóle nie zainteresowali się rysowaniem. Siedzieli bez ruchu, bardzo obydwaj smutni.

Tuż przed obiadem pani ponownie podeszła do nich i próbowała rozmawiać, lecz i tym razem żaden z nich się nie odezwał.

— To tak zwykle bywa, że na początku niektóre zwierzątka nie mogą się przyzwyczaić do przedszkola, ale potem chętnie tu przychodzą — mówiła, chcąc ich uspokoić. — Po obiadku przyjdą mamy i was zabiorą — dokończyła.

Przyjdą inne mamy, ale czy moja przyjdzie? Może już o mnie zapomniała? — myślał Misiulek z niepokojem.

Lisica przyniosła obiad, lecz miś nawet nie spojrzał na jedzenie. Słonica już go nie zachęcała.

Po obiedzie zaczęły przychodzić mamy. Najpierw myszki poszły do domu, pokiwawszy na pożegnanie swoimi zdobnymi w kokardy ogonkami, potem boberki, potem żółw, następnie liski i sarenki. W końcu wpadła mama Misiulka. Gdy tylko ją zobaczył, poderwał się z miejsca, w którym tkwił nieruchomo od samego rana, i podbiegając, z całej siły uderzył ją główką w brzuszek. Potem zaczął mamę okładać piąstkami, i płacząc, wołał:

— Dlaczego mnie tutaj zostawiłaś?

— Co się stało? — spytała zaskoczona mama.

— On się nie może zaadaptować w przedszkolu — rzeczowo poinformowała słonica.

— Nie może się zaadaptować... zaadaptować! — ze złością powtarzał Misiulek. — Ja tu nie chcę być — cichutko mówił do siebie i znowu zaczął przecierać łapkami oczka, z których lały się strumieniami łzy.

— Ja dopiero podjęłam pracę — mówiła mama do słonicy. — Bardzo mi na niej zależy. Zrywam szyszki w lesie, buduję szałasy dla zwierząt na zimę. Dbam o drzewa i krzewy.

— Tak, tak. To bardzo potrzebne zajęcie — przyznała słonica. — Musimy się jednak zastanowić, co zrobić, by nasz Misiulek polubił przedszkole.

O nie, jutro to ja tu już na pewno nie przyjdę — pomyślał Misiulek, mocno trzymając mamę za łapkę.

Nareszcie wyszli z sali. Misiulek szybko zdjął kapcie i z wielką ulgą, jakby pozbył się ciężaru, opuścił przedszkole. Kurczowo trzymał mamę za rękę. Nie rozglądał się dookoła, nie miał nawet ochoty pokręcić się na karuzeli, pragnął tylko jak najprędzej znaleźć się w swoim ukochanym domku. Teraz dopiero zrozumiał, jak bardzo lubi swoje mieszkanko, swój pokój, gdzie wszystko jest takie znane i bliskie.

— Już się na ciebie nie gniewam, że mnie zosta-

wiłaś samego w przedszkolu — powiedział i pocałował mamę w mordkę.

— Posłuchaj... — chciała coś odpowiedzieć, ale
mały miś wbiegł po schodach do swego pokoju i przytulił się do poduszeczki leżącej na łóżku. Poczuł się
tak dobrze, bezpiecznie i... zasnął.

Obudziły go głosy w pokoju na parterze. To mama
opowiadała tatusiowi, że Misiulek nie chce chodzić
do przedszkola.

— Ależ to niemożliwe — mówiła — żebym zre-
zygnowała z pracy. On musi polubić to miejsce. Tam
jest tyle zabawek i pani słonica taka miła...

Misiulek skamieniał z trwogi — znowu ma iść do
przedszkola. Nie, mama nic nie rozumie. On już przecież zadecydował. Usiadł na schodach i zawołał:

— Już nigdy nie pójdę do przedszkola!

Zaległa cisza. Mama nie odpowiedziała, a tato
chwycił gazetę i zaczął czytać.

— Nie pójdę i już — upierał się Misiulek.

— Kochanie — mówiła przymilnie mama. —
Ja pracuję i nie mogę cię zostawić samego w domu.
Jesteś malutki, wymagasz opieki. Poza tym w przed-
szkolu jest tyle pięknych zabawek — przekonywała.

— Nie pójdę, nie pójdę — powtarzał miś.

Ale im dłużej powtarzał te słowa, tym bardziej na-
bierał przekonania, że mama nie zmieni zdania i jutro
będzie musiał znowu iść do przedszkola. Wrócił więc
do swego pokoju i zaczął się bawić klockami. Szybko
się znudził, zaczął kopać klocki, bo był dzisiaj rozzło-
szczony. Mama słysząc hałasy, zajrzała do pokoiku.
Zobaczyła straszliwy bałagan. Wszystkie zabawki były porozrzucane, a klocki leżały w najdziwniejszych

miejscach — na stole, na łóżeczku, a nawet na lampie. Lecz tym razem nie gniewała się na niego. Chyba rozumiała, co czuł. Przytuliła Misulka mocno do siebie i powiedziała:

— Musimy coś wymyślić. Mam tylko nadzieję, że polubisz przedszkole. Ja też kiedyś chodziłam do przedszkola.

— I co, podobało ci się? — z niedowierzaniem spytał miś.

— Początkowo nie bardzo, ale potem bardzo lubiłam tam przebywać.

— A dlaczego na początku było niemiło? — dopytywał się Misiulek.

— Bo inne przedszkolaki zabierały mi zabawki, a jeden mały wilczek przezywał mnie od grubasa salcesona.

— Zwymiotowałaś?

— Nie, to mi się nie przydarzyło. Zaprzyjaźniłam się z małą polną myszką, wszędzie chodziłyśmy razem i... polubiłam przedszkole. Ty też na pewno się z kimś zaprzyjaźnisz i będziesz z radością tam chodził.

— Do przedszkola, z radością? Ależ to niemożliwe — poważnie stwierdził Misiulek.

Na tym skończyła się rozmowa z mamą. Już więcej tego dnia nie mówiono o przedszkolu.

Rano, kiedy pierwsze promyki słońca wpadły do pokoiku małego misia i zachęcając do wstania, zaświeciły mu prosto w oczy, zerwał się z łóżeczka i już, już chciał wykonać ćwiczenia gimnastyczne: stanąć na głowie, zrobić mostek czy gwiazdę i zadziwić promyki, gdy nagle przypomniał sobie, że dzisiaj znowu musi iść do przedszkola. Szybko wskoczył z powrotem do łóżeczka i przymknął oczy, udając, że śpi. W lekko uchylonych drzwiach pojawiły się dwie głowy — mamy i taty. Zaglądali ciekawie do środka.

— Trzeba go obudzić — powiedziała mama.

Po czym oboje rzucili się na Misiulka, chcąc całuskami przywrócić go rzeczywistości.

Mały miś rozchmurzył się:

— Dobrze, dobrze. Już wstaję — powiedział. — Ale do przedszkola to ja...

Nie zdążył dokończyć, bo usłyszał ciche pociąganie nosem. To płakała mama. Łzy lały się z jej oczu ciurkiem jak z fontanny.

— Dlaczego płaczesz? — spytał zdziwiony Misiulek.

— Bo mi przykro, że ty jesteś smutny, że tak źle się czujesz w przedszkolu i że ja nie powinnam pracować...

Misiulek grubymi jak wałeczki łapkami objął mamę i zaczął ją pocieszać:

— Nie płacz, nie martw się.

Spojrzał na tatę. On też miał oczy pełne łez. To nie epidemia. Oni naprawdę się przejmują, że jest mi tak źle w przedszkolu — pomyślał. Zaczął się więc tłumaczyć:

— Ja tak bardzo nie lubię przedszkola, bo się boję, że mnie nie odbierzecie i że już na zawsze tam zostanę.

— Misiulku — powiedział z powagą tata. — My cię przecież bardzo kochamy.

— A jak zaboli was brzuszek albo ząb, to też nie zapomnicie mnie odebrać?

— Ani wtedy, gdy zaboli mnie brzuch albo ząb, ani gdy będę miał dużo pracy. Ty jesteś naszym kochanym synkiem i będziesz nim zawsze. Tego nie tylko nie mogę, ale i nie chcę zmienić. Jesteś na zawsze nasz. Poza tym w przedszkolu nikt dzieci nie zatrzymuje. Rodzice je odbierają i przedszkole jest zamykane.

To mówiąc, tata pocałował synka w sam czubek nosa, a potem po męsku ścisnął mu łapkę, jakby chciał tym potwierdzić wypowiedziane słowa.

— Ach, ty nierozsądny mały misiu! Jak mogłeś pomyśleć, że cię nie kochamy, że zostawimy cię w przedszkolu, że możemy o tobie zapomnieć — powiedziała mama. Tak ją to rozbawiło, że łapą przetarła mokre od łez policzki i roześmiała się głośno. Jej śmiech był tak zaraźliwy, że i tata, i Misiulek też zaczęli się śmiać.

— Ty się naprawdę bałeś, że cię nie odbierzemy? — mówił, zanosząc się śmiechem, tata. Teraz i Misiulkowi ta myśl wydała się niedorzeczna.

— Tak, tak — odpowiadał, śmiejąc się.

Poczuł, że wraz ze śmiechem niepokój go opuścił. Już był pewien, że mama i tata bardzo go kochają i na pewno nie zostawią w przedszkolu na zawsze.

— Zgadzam się chodzić — powiedział.

Bardzo zadowolony z siebie, spojrzał na rodziców. A oni uśmiechnęli się. Poczuł, że zachował się właściwie. W środku, w serduszku, było mu miło i słodko.

— A teraz niespodzianka. Zobacz, co ci kupiłem — powiedział tata i położył na kołderce małe pudełeczko.

— Co to jest? — spytał zaciekawiony Misiulek.

— Sam zobacz — odrzekł tato.

Misiulek szybko zerwał papier i otworzył pudełko.

Zobaczył bardzo dziwną rzecz. Jedną część urządzenia zajmował ekran taki jak w telewizorze, tylko dużo mniejszy, a pod nim były różne przyciski. Na jednym było małe zdjęcie mamy, na innym taty, także babci i dziadka, inne były nie oznaczone. Z boku aparatu przyczepiona była mała słuchawka.

— Kupiliśmy ten aparat, żebyś zawsze mógł się z mamą skontaktować. Albo ze mną, albo z dziadkami. Zobacz, jak to działa. Wystarczy, że naciśniesz przycisk, o ten, ze zdjęciem mamy, i już ją zobaczysz na ekranie. Za pomocą słuchawki będziesz z nią rozmawiał. Spróbuj.

Misiulek nacisnął guzik i po chwili zobaczył mamę na ekranie, jak siedzi na jego łóżeczku.

— O... o... — wyjąkał z wrażenia.

— Zadowolony? — spytał tato.

Misiulek tylko pokiwał głową, tak był przejęty tym niezwykłym aparatem. Mama też trzymała w łapkach jakąś tajemniczą paczuszkę. Nic nie mówiąc, położyła ją na kołderce. Misiulek o nic nie pytał, tylko szybko ściągnął papier i jego oczom ukazał się śmieszny mały ludzik w zielonej czapeczce na głowie, w zielonych spodenkach i żółtej bluzeczce.

— To prawdziwy ludzik, nie zaczarowany. Już nie będziesz sam w przedszkolu.

— On zawsze będzie z tobą. Ale pamiętaj, to nie jest zwykła zabawka. On wszystko rozumie i potrafi mówić. Jednak tylko z tobą będzie rozmawiał. Jest twoim przyjacielem i tylko tobie może pomagać. Dla innych zwierzątek będzie zwyczajną kukiełką.

— Poznajmy się — powiedział dziwny ludzik. — Jestem Serafin.

— A ja Misiulek.

— To co, idziemy do tego przedszkola? — spytał, napinając mięśnie, jakby chciał pokazać, że niczego i nikogo się nie boi.

— Oczywiście, oczywiście — poważnie odparł mały miś.

Pójście do przedszkola nie wydawało mu się już tragedią. Wstał szybko z łóżeczka. Aparat wsunął do plecaczka, a Serafina do kieszeni fartuszka.

— Jestem gotowy! — krzyknął do mamy, która już na niego czekała przy drzwiach.

Pobiegli do przedszkola. Misiulek pocałował mamę na pożegnanie i otworzył drzwi do sali. Słonica siedziała przy pianinie i grała właśnie jakąś marszową piosenkę. Widząc wchodzącego misia, przerwała i powiedziała:

— Jak miło, że jesteś. Czekaliśmy na ciebie. Może dołączysz do grupy? — zaproponowała. Zauważyła jednak jego wahanie, więc dodała: — Ale jeśli nie masz ochoty, to cię nie zmuszam. Zajmij się tym, co ci sprawi przyjemność.

Misiulek podszedł do swego stolika i już chciał usiąść, gdy nagle podbiegła do niego jedna z myszek. Zawołała piskliwym głosem:

— To moje miejsce, moje! On zajmuje moje miejsce!

Misiulek stał niepewny. Wczoraj zajmował właśnie to miejsce. Jednak wrzask, jaki podniosła myszka, przeraził go. Szybko wyjął Serafina z kieszonki i szepcąc mu wprost do ucha, zapytał:

— Co robić? Co robić?

— Zaproponuj oznaczenie miejsca obrazkami, wtedy nie będzie pomyłek.

— Pomysł genialny — stwierdził Misiulek.

Pani podeszła do nich, by wyjaśnić nieporozumienie. Myszka w dalszym ciągu krzyczała.

— Proszę o spokój — tubalnym głosem odezwała się słonica.

— Mam propozycję — powiedział miś.

Myszka momentalnie się uspokoiła.

— Słucham — zainteresowała się nauczycielka.

— Proponuję oznaczyć nasze miejsca obrazkami. Wówczas nie będzie powodów do sprzeczki.

Tu wymownie spojrzał na myszkę.

— Doskonały pomysł — pochwaliła pani. Myszka otwarła pyszczek ze zdumienia.

Sądziła, że mały miś będzie płakał i zrobi z siebie przedstawienie.

— Dzieci, malujemy znaczki na kartonikach i przyklejamy je na brzegu stoliczków tak, by oznaczyć miejsce każdego z was. Nie będzie już kłótni i sporów z tego powodu.

Wszyscy ochoczo zabrali się do pracy. Misiulek ponownie wyciągnął z fartuszka Serafina i cichutko wyszeptał:

— Dziękuję. Nie chcę mieć trąby jako swojego znaku. Co mam zrobić?

— Uzgodnij zmianę z panią. Powiedz, że trąba do misia nie pasuje. Pani na pewno to zrozumie.

— Ja chciałbym, chciałbym... — powtarzał z wrażenia, że tak ważną sprawę załatwia. — Chciałbym zmienić znaczek, bo misie trąb nie mają.

— To proszę, wybierz sobie inny — powiedziała słonica.

— Narysuję ciebie, Serafinie. Ty będziesz moim znaczkiem — zdecydował.

Misiulek rysował, a Serafin stał obok i przyglądał się. Ciągle zgłaszał poprawki, niezadowolony ze swego portretu. W końcu udało się. Ludzik uśmiechnął się. Misiulek otarł pot z czoła.

Czas szybko mijał. Nawet nie zauważył, że zbliżyła się pora obiadu. W drzwiach zjawiła się lisica, ciągnąc wózek z wielką wazą zupy.

— Ja dziękuję za zupę — powiedział Misiulek.

— Jeśli nie masz ochoty, to możesz zrezygnować, ale jeśli się boisz, że znowu zwymiotujesz, to nie ma czego. Wczoraj byłeś bardzo zdenerwowany i dlatego ci się to przytrafiło. Wielu dzieciom to się zdarza, dorosłym też.

— Dziękuję — odpowiedział stanowczo mały miś. Odsunął od siebie talerz. Obok myszki zajadały z wielkim apetytem. Ale zajączek też odsunął talerzyk.

Na drugie danie podano budyń truskawkowy i Misiulek przypomniał sobie, że jest głodny. Zjadł z ochotą porcję budyniu, pogłaskał się po brzuszku i rzekł:

— No, już pora skontaktować się z mamą.

Wyjął aparat z plecaczka, przycisnął guziczek z małym zdjęciem mamy i... zobaczył ją na ekranie. Szybko chwycił słuchawkę.

— To ja, Misiulek. Wszystko dobrze. Kiedy po mnie przyjdziesz?

— Za chwilę skończę pracę i potem pędzę do mojego synka.

Zajączek, zawsze taki milczący i nieruchomy, teraz widząc, że miś rozmawia z mamą, ożywił się nagle i zaczął wołać:

— Proszę pani, a moja mama, moja?

— Jest tutaj. Pracuje ze mną. Zaraz ją przywołam.

Po chwili na ekranie pojawiła się mama zajączka.

— Ja też po ciebie przyjdę.

Zajączek ciężko westchnął i cichutko poprosił:

— Przyjdź jak najprędzej.

— Zaraz będę — uspokajała go mama.

Wkrótce inne zwierzątka krzyczały:

— Ja też, ja też chcę rozmawiać z mamą!

Podeszła słonica i uciszając dzieci, powiedziała:

— Możemy rozmawiać z rodzicami za pomocą tego aparatu, ale musicie znać numery zakładów pracy waszych rodziców albo numery waszych mieszkań. Ten aparat jest zaprogramowany tylko dla Misiulka. Wy też możecie się posłużyć podobnymi, lecz każdy aparat musi być nastawiony na odpowiedni numer.

W chwili, gdy słonica wyjaśniała innym zwierzątkom działanie tego aparatu, Misiulek siedział uśmiechnięty. W jednej łapce trzymał Serafina, drugą opierał o aparat. Dzisiaj przedszkole wydało mu się przyjemnym miejscem. Już się nie bał, że rodzice go nie odbiorą. Wiedział, że bardzo go kochają i są z nim zawsze, nawet gdy przebywają w pracy. On już to rozumiał, ale mały zajączek? Chyba nie. Siedział taki smutny. Muszę mu pomóc — postanowił Misiulek.

— Chodź, pobawimy się — zaproponował. — O, zobacz, tam jest kolejka.

Zajączek podał mu łapkę i poszli się bawić. Po chwili podeszły do nich myszki.

— A my, czy możemy się przyłączyć? — zapytały niepewnie.

— Dobrze — zgodził się Misiulek i rozpoczęła się wspólna zabawa.

Nagle otwarły się drzwi i stanęła w nich mama.

— O, jak wcześnie dzisiaj przyszłaś — powiedział Misiulek, po czym spytał, zwracając się do zajączka i myszek:

— To jutro pobawimy się znowu?

— Tak — odpowiedzieli chórem.

— Do jutra! — zawołał jeszcze mały miś, trzymając mamę za łapkę.

Zagubiony promyczek

Zaczęło się ściemniać. Cienie wydłużały się coraz bardziej. Z wolna wszystko obejmował mrok. Lampy rzucały na chodniki skąpe światło. Mały siedmioletni chłopiec wracał ulicą z parku do domu. Zabawa widocznie udała się wybornie, bo radość kipiała z każdego jego gestu. Podskakiwał to na jednej, to na drugiej nodze lub kręcił się jak bąk wokół własnej osi.

Zwolnił, by odpocząć. Jego wzrok padł na cień, który raz wydłużał się, a raz kurczył, ale nie odstępował go na krok, wiernie naśladując ruchy. Stanął więc na palce, pochylał się na wszystkie strony. Cień również. Z pewnością taka zabawa z cieniem trwałaby długo, gdyby nie zobaczył kogoś niezwykłego. Pod lampą, w smudze światła, oparty o słup siedział mały chłopiec. Był jakiś dziwny, promieniowało z niego światło. Ubrany był w złocistosrebrzysty kombinezon, na czole miał przepaskę w takim samym kolorze. To przedszkolak, który był na baliku karnawałowym, albo przybysz z kosmosu — pomyślał chłopiec patrząc na intensywnie świecące ubranko i przepaskę. Ostrożnie zbliżył się do siedzącego pod latarnią. Z oczu dziecka płynęły łzy, a z piersi wydobywało się łkanie.

— Dlaczego płaczesz? Co się stało? — spytał.

Mały przetarł mokrą od łez twarz i spojrzał na chłopca. Ten zaś pytał dalej:

— Skąd jesteś? Dlaczego nosisz takie dziwne ubranko? Co tutaj robisz?

Nagle zawstydził się, że jest taki ciekawski, że tak wypytuje, więc wyjaśnił:

— Przepraszam, ale chciałbym ci pomóc. Powiedz, dlaczego płaczesz?

— Ja... ja... — jąkając się ze zdenerwowania, mówił mały. — A mogę ci zaufać? Dochowasz tajemnicy? — spytał.

— Oczywiście — coraz bardziej zaciekawiony odpowiedział chłopiec. Sprawa wyglądała na bardzo dziwną.

— Jestem promyczkiem słońca.

— Promyczkiem słońca? — powtórzył z niedowierzaniem chłopiec.

— Tak — odparł malec. — Zgubiłem się swojej mamusi.

Znowu zaczął płakać.

— Proszę cię, przestań! A kto jest twoją mamą i gdzie ona mieszka? Podaj adres, a ja cię do niej zaprowadzę.

W myślach mówił do siebie: Mały był na zabawie, przebrali go za promyczek, zgubił się, a teraz bredzi ze strachu. Szkoda, że to taka zwyczajna sprawa.

— Moją mamusią jest słoneczko, a ja jestem prawdziwym promykiem, jej synkiem — powiedział to z naciskiem, jakby domyślał się, że chłopiec mu nie wierzy.

— Synkiem słońca, promykiem? Bajdurzenie. — Chłopiec z niedowierzaniem pokręcił głową i wydął wargi z niezadowoleniem.

— Ależ to prawda — zapewniał mały. — Jestem promyczkiem. Zgubiłem się. Teraz to już na pewno zabierze mnie księżyc i będę musiał świecić w nocy. I nigdy, już nigdy nie zobaczę mamy. — To mówiąc, znowu się rozpłakał.

— Płacz nic tu nie pomoże — tłumaczył chłopiec malcowi. — Lepiej opowiedz mi wszystko dokładnie, a potem razem zastanowimy się, co należy zrobić. Na pewno znajdziemy rozwiązanie — uspokajał chłopiec, choć tak naprawdę nie wiedział, co o tej sprawie myśleć.

— Pomożesz mi? — z nadzieją spytał malec.

Chłopiec skinął głową.

— A więc to było tak. Bawiłem się o zmierzchu z innymi promyczkami w taką zabawę, co to jeden chowa, a inni szukają. Schowano pięknego, kryształowego słonika, a ja bardzo chciałem go odnaleźć. Szukałem go po piwnicach, zakamarkach, nawet koło śmietników, i nie zauważyłem, że robi się coraz ciemniej. Inne promyczki zdążyły dobiec do mamy, gdy przechodziła na drugą stronę nieba. A ja... Ja nie zdążyłem.

Znowu zatrzęsła mu się bródka i łzy napłynęły do oczu, lecz opanował się i mówił dalej:

— Nie widziałem mamy. Szukałem, biegałem, ale nigdzie ani jej, ani innych promyczków już nie było. Co ja zrobię? — znowu zaczął lamentować.

— A dlaczego boisz się księżyca? — zapytał chłopiec, chcąc przerwać to użalanie się.

— Bo księżyc potrzebuje promieni słońca. Jego promyczki nie mają tyle siły co my i dlatego chętnie zabiera nas do siebie, byśmy w nocy świecili.

— Czy przebywanie z księżycem jest takie przykre? Przecież w ciągu dnia też świecisz.

— O, jak ty nic nie rozumiesz — westchnął promyczek. — Ja muszę być z moją mamą!

— Rozumiem to — odparł chłopiec. — Jest na to rada.

— Jaka?

— Musisz przeczekać do jutra, a wcześnie rano, gdy mama pokaże się na niebie, wrócisz do niej.

— Też o tym myślałem, ale w ciągu nocy wypatrzy mnie księżyc i jego promienie mnie zabiorą.

— Nie zabiorą, bo zapraszam cię do mojego domu. Tam spokojnie poczekamy do jutra, do wschodu słońca.

— Ach, to cudownie! — zawołał promyczek. — Poczekam u ciebie w domu, a jutro spotkam się z mamą!

Uśmiechnął się na samą myśl o tym.

— Mógłbyś poczekać na komisariacie policji — wyjaśnił chłopiec. — Tam wszystkie zagubione maluchy czekają na swoich rodziców. Ale ty jesteś taki inny, dziwny, że wszystkie gazety by o tobie pisały. To by dopiero była sensacja! Musimy jednak zawiadomić o twoim zagubieniu się i zostawić informację, pod jakim adresem będziesz przebywał.

W myślach dodał: Nie jestem tak do końca przekonany, czy ty nie jesteś przebranym przedszkolakiem.

Później zwracając się do promyczka, powiedział:

— Biegnijmy szybko. Musimy zdążyć, zanim księżyc wyjdzie na niebo.

Wyciągnął do malca rękę, by pomóc mu wstać. Zdarzyło się wtedy coś dziwnego. Promyczek wstając, wydłużył się na wysokość lampy. Wszędzie rozpościerało się intensywne światło. Potem wolno zaczął się kurczyć, a światło wokół niego gęstniało. W końcu wzrostem dorównywał chłopcu. Podał mu dłoń i chłopiec poczuł miłe ciepło.

— To ty możesz być taki wysoki albo całkiem maleńki? — spytał, jakby chciał się upewnić, że to, co widział, zdarzyło się naprawdę.

Promyczek wzruszył tylko ramionami.

— A jaki jesteś cieplutki! — znowu ze zdziwieniem zauważył chłopiec.

— Moja mama daje mi to ciepło, tuląc mnie i całując, a ja potem obdzielam innych. Daję ciepło mojej mamy wszystkim po troszeczku. Bez niej byłbym tylko światłem. Ot, takim jak promienie księżyca. Bez niej — powtórzył — byłbym zimnym promykiem.

— Jak ci na imię?

— My nie mamy imion. Jesteśmy dziećmi swojej mamy.

— To wszyscy jesteście tacy sami?

— Tak. Jesteśmy identyczni.

— Więc jak twoja mama rozpoznaje ciebie wśród innych takich samych promyczków? Skąd ona wie, że ty, to właśnie ty? Może ona nawet nie zauważy, że się zgubiłeś i wcale się nie zmartwi? — dopytywał się chłopiec.

— Nie — pokręcił głową promyczek. — Nie mam swego imienia i wcale go nie potrzebuję. Moja mama rozpoznaje nas zawsze. Nigdy się nie myli. Poznaje sercem, a do tego imię nie jest potrzebne. Teraz na pewno bardzo się martwi. Jutro wcześnie przyjdzie mnie szukać. Teraz nie może przyjść, bo rządzi tu księżyc, pan nocy.

— Biegnijmy na komisariat. Robi się coraz ciemniej — powiedział chłopiec.

Spojrzeli na niebo. Było zachmurzone i nawet jeden promyczek nie rozjaśniał ciemności. Minęli kilka kamienic stojących jedna obok drugiej. Okna w nich były już pozasłaniane, a domy wyglądały, jakby spały.

— To tutaj. — Chłopiec wskazał niewielką bramę. Na ścianie była tablica, na której wypisano wielkimi literami POLICJA. Wbiegli do wielkiej sali. Przy biurku siedział bardzo duży, gruby policjant. Jadł właśnie podwieczorek.

— Smacznego — powiedzieli chłopiec i promyczek. — Dobry wieczór — dodali.

— Dobry, dobry — odparł policjant. — Przepraszam, że jem podwieczorek, ale policjanci to też ludzie i swoje potrzeby mają.

To mówiąc, pogłaskał się po brzuchu.

— Rozumiemy to — powiedzieli chłopcy.

— A może jesteście głodni? Chcielibyście się poczęstować? — spytał, wskazując na biurko zastawione jedzeniem.

— Nie, dziękujemy — odparli.

Odpowiedź spodobała się policjantowi, bo uśmiechnął się szeroko i nie przerywając jedzenia, zapytał:

— W jakiej sprawie?

— On się zgubił i ja... ja chciałbym zgłosić ten fakt, bo on będzie dzisiaj u mnie spał — chaotycznie tłumaczył chłopiec.

— Weźcie formularz i wypełnijcie go.

To mówiąc, podał im kartkę, na której były wydrukowane pytania, a potem ponownie zajął się jedzeniem. W rogu sali stał stolik, przy którym usiedli.

— O, tutaj muszę wpisać twoje dane. Z tym będzie trochę kłopotu. Imię? Wpiszemy Promyczek. Nazwisko? Słoneczko. Ulica Niebiańska nr 1. Do której klasy uczęszcza? Wpiszemy — zerówka. Zawód mamy — stróż dzienny. Ojciec — nieznany. Teraz wpiszę tylko moje dane i pójdziemy do domu.

Szybko wypełnił pozostałe rubryki. Przyjmując formularz, policjant zapytał:

— Dlaczego on jest tak dziwacznie ubrany?

— Był na zabawie karnawałowej — wyjaśnił chłopiec, aby uniknąć dalszego wypytywania.

— No tak. Jedni się bawią, a inni ciężko pracują. Dzisiaj to już sto pięćdziesiąte ósme zgłoszenie zaginięcia.

Odłożył papier do szuflady, wcale go nie czytając, a przy okazji wyciągnął dwa udka kurczaka, frytki i słoiczek keczupu.

— Tak, tak — mruczał do siebie. — Jedni się bawią, a inni muszą pracować.

— Do widzenia — powiedzieli, wychodząc.

— Do widzenia, chłopcy. Do widzenia — uprzejmie odpowiedział policjant.

— Mieszkam niedaleko. O, to są moje okna — mówił chłopiec, gdy znaleźli się na ulicy.

Promyczek jednak nie słuchał.

— Okryj mnie kurtką. Szybko, muszę się schować, bo już księżyc wyszedł na niebo.

Chłopiec rozpiął kurtkę, otulił skulonego promyczka i nie zauważeni przez nikogo, dobiegli do bramy kamienicy, w której mieszkał. Przeskakując po kilka schodów, wkrótce znaleźli się przed drzwiami z wielką metalową tablicą, na której widniał napis: Ewa i Adam Kurkowie.

— Przeczytaj mi, co tutaj jest napisane — poprosił promyczek.

— To imiona i nazwisko moich rodziców.

— A jak tobie na imię? — spytał promyczek.

— Jestem Jędruś.

Promyczek zamierzał coś powiedzieć, ale w tym momencie otwarły się drzwi i stanęła w nich mama. Była to osoba dość pulchna, z burzą jasnych loków na głowie i szerokim uśmiechem, takim, o którym się mówi, że sięga od ucha do ucha.

— Jędrusiu! — zawołała mama. — Dlaczego tak długo biegałeś na dworze? Ja tu od zmysłów odchodzę. Co się z tobą działo? Gdzie byłeś? Niegrzeczny chłopiec.

Mówiąc to, tuliła syna do siebie i całowała po głowie.

— Mamo, ja spotkałem promyka. On się zgubił swojej mamie, bardzo płakał, bo się bał, że księżyc go zabierze i będzie musiał w nocy pracować, i byliśmy na policji, i on już ci resztę opowie...

Chłopiec rozejrzał się. Nie, to niemożliwe! Promyczka nigdzie nie było. Ani na korytarzu, ani na schodach. Jędruś na próżno się rozglądał. Jego niedawny towarzysz zniknął tak nagle, jak się pojawił. Mama pogłaskała syna po główce, mówiąc:

— Zrozumiałam, że pomagałeś chłopcu, który się zgubił. Nie martw się. Już się nie gniewam.

— Co się tam dzieje? — Z głębi mieszkania dobiegł niski męski głos.

Jasiu Twaróg, lat 5,5

— Jędruś wrócił — odparła uradowana mama.

— A gdzie on tak długo bawił?

— Tato, byłem w parku — wyjaśnił Jędrek i zajrzał do pokoju.

Ojciec w okularach na nosie przeglądał czasopisma, a jednocześnie popatrywał na ekran telewizora. Tato sprawiał wrażenie zajętego, z czego Jędrek był dzisiaj zadowolony. Nie bardzo wiedział, jak miałby wyjaśnić swe spóźnienie. Wpadł jak bomba do kuchni, bo brzuszek przypominał, że pora kolacji już minęła. Wepchnął do ust dwie kanapki. Był w tym mistrzem. Potrafił zrobić to i z trzema jednocześnie. Wykorzystując nieobecność mamy, jadł bardzo szybko. W głowie kołatała mu tylko jedna myśl — gdzie podział się promyczek? Co się z nim stało?

Wszedł do swego pokoju i zamknął drzwi. Nie miał ochoty rozmawiać. Czuł się zawiedziony. Czy to jakieś żarty? — myślał. Zapalił światło i szczelnie zasłonił okna. Położył się na łóżeczko. Pokój chłopca nie był duży, a jednak mieściły się w nim wszystkie najbardziej potrzebne rzeczy. Przy oknie stał regał, i właśnie na nim leżały te najważniejsze, najpotrzebniejsze przedmioty. A więc stary zegarek dziadka, bez wskazówek, o bardzo zniszczonej tarczy i kopercie, aparat fotograficzny, kolekcja samochodów — od całkiem miniaturowych po ogromne wozy strażackie, kilka książek, klocki konstrukcyjne i jeszcze wiele innych rzeczy, na przykład piórko ptaka, kolorowe kulki i piłki. Do lampy przywieszone były samoloty, które jakby krążyły nad pokojem. Dalej stała szafa. Na podłodze leżał dywan w kratkę. Ściany pomalowane były każda w innym kolorze — jedna żółta, druga zielona, potem niebieska i różowa. Może dlatego miejsce to było przyjemne i wesołe. Lecz nie dzisiaj...

— Jędrusiu — rozległ się nagle cichy szept.

— Gdzie jesteś?! — wykrzyknął uradowany chłopiec. — Tak się bałem, że zniknąłeś.

— Schowałem się pod twoim łóżkiem.

— Wychodź natychmiast! Jak mogłeś mnie tak zostawić, kiedy chciałem mamie wyjaśnić powód spóźnienia? — mówił chłopiec z pretensją w głosie.

— Przepraszam — powiedział promyk. — Wybacz. Twoja mama jest dorosła i nic by z tego nie zrozumiała.

— Moja mama na pewno by zrozumiała — zaprzeczył Jędrek.

— Powiedziałaby, że księżyc ma dość własnych dzieci, więc po co miałby je zabierać słonku. Albo że trzeba ogłosić tę wiadomość w telewizji, albo... nie wiem, co jeszcze — tłumaczył się promyk.

— Widzę, że nie znasz ziemskich mam. Już się na ciebie nie gniewam. Najbardziej obawiałem się, że już nigdy cię nie spotkam.

— Cieszę się, że mnie lubisz. Ja ciebie też — powiedział z uśmiechem promyczek.

— Pobawmy się. Ja nie mogę spać. Czekam na wschód słońca. Gdy tylko ukaże się pierwszy promyk, szybciutko pobiegnę do mamy.

— To ty nie masz taty?

— Nie. Ja mam tylko mamusię, ale ona zastępuje mi i tatę, i babcię, i dziadka, i wszystkie ciocie, i wujków. Mam za to wielu braci.

— No tak. Rozumiem — powiedział Jędruś. — Ale teraz masz i mnie.

Promyczek nie odpowiedział. Przytulił się tylko do chłopca. Było to bardzo miłe. Oczy Jędrka zaszkliły się.

— No dobrze — powiedział, chcąc ukryć wzruszenie. — Pobawmy się.

Promyczek podszedł do półki, na której poustawiane były samochody. Zaczął zmniejszać się, aż stał się małym kulistym światełkiem.

— Co robisz?! — krzyknął przerażony chłopiec.

— Zaraz zobaczysz — rozległ się głos i jeden z samochodów, nakręcany na kluczyk, wolno zaczął opadać z półki na podłogę. Po chwili znalazł się na parkiecie i ruszył z takim impetem, że w całym pokoju słychać było dźwięk motoru i pisk opon. Powietrze zawirowało. Inne auta też znalazły się na podłodze i rozpoczął się rajd samochodowy. Jędrek siedział nieruchomo, jakby porażony tym, co rozgrywało się przed nim. Przetarł oczy. Wydawało się to niemożliwe, a jednak samochody ścigały się, silniki wyły, niektóre rozpędzone wjeżdżały na siebie, inne dachowały. To było wspaniałe! Prawdziwy rajd!

Nagle otwarły się drzwi i do pokoju wszedł tato. Okulary, które zawsze nosił na końcu nosa, zsunęły się i upadły na podłogę wprost pod pędzący samochód. Tato zwinnym ruchem, godnym artysty cyrkowego, podniósł je i ponownie włożył na nos.

— Co się tutaj dzieje? Co się dzieje? — powtarzał zdumiony.

Nagle wszystkie auta zatrzymały się, jakby promyczek dopiero teraz się zorientował, że nie są sami.

— Tato, dzisiaj spotkałem promyczka...

— Co to za przezwisko? Proszę cię, używaj imion.

Ale co tu przed chwilą było? — mówił ojciec, pokazując rozrzucone autka. — Co to za hałasy?

Kręcił głową, nic nie rozumiejąc. Był wyraźnie poirytowany.

Jędrek, by go udobruchać i zmienić temat, powiedział:

— No dobrze. Pójdę już spać.

— Tak. Właśnie to powinieneś zrobić — odparł tato i wyszedł z pokoju.

Jędrek słyszał jeszcze, jak na korytarzu mówił do mamy:

— Wiesz, ten nasz syn to ma pomysły...

Potem zaległa cisza.

— Promyczku, promyczku, gdzie jesteś?

— Tutaj — odparł promyk, siadając obok chłopca na łóżku.

— Jak to zrobiłeś?

— Ach, to nic trudnego. Ja daję światło i ciepło, ale kurcząc się, mogę zamieniać to na siłę i dzięki temu mogę też poruszać przedmioty.

— To wspaniale mieć taką moc — stwierdził chłopiec z uznaniem.

— Zawsze się z tobą chętnie pobawię — zapewnił promyczek.

Jędrek ziewnął raz i drugi. Oczy same mu się zamknęły. Wkrótce zasnął.

Gdy się obudził, stwierdził, że jest w ubraniu. Zasnąłem i nie zdążyłem się nawet przebrać — pomyślał. Słońce przez zasłonki zaglądało do pokoju. Wyskoczył z łóżeczka, podbiegł do okna i odsłonił je. Promienie słońca wpadły do środka. Poczuł ich delikatny dotyk i ciepło.

— Promyczku! — zawołał, rozglądając się po pokoju. — Obudź się. Możesz iść do swojej mamy.
— Ależ ja to już zrobiłem wczesnym rankiem —
usłyszał odpowiedź.
Promyczek stał obok niego.
— Zostań ze mną — poprosił chłopiec. — Pójdziemy razem do szkoły. Poznasz moich kolegów, pokażemy im twoje sztuczki. Będzie wspaniale!
— Nie mogę — odparł promyczek. — Nie tylko
się bawię. Mam też obowiązki. Teraz budzę wszystkich śpiochów, potem pomagam w sprzątaniu, poka-
zuję wszystkie brudy i kurze, później ogrzewam ro-
ślinki na polach i w ogrodach. Jednak na pewno
znajdę czas na zabawę z tobą. Przyjdę, czekaj na mnie.
Mówiąc to, promyczek wydłużał się coraz bardziej,
aż stał się jasnym promieniem. Wysunął się przez
okno i po murze pobiegł do innych mieszkań.
Jędrek rozpłaszczył nos na szybie i wyszeptał:
— Będę na ciebie czekał.

Zuzi-Buzi

W małej norce pod lasem mieszkała rodzina zajączków: mama, tato i malutka córeczka Zuzia Zajączkówna, nazywana przez rodziców Zuzi-Buzi, ponieważ jej pyszczek aż się prosił o buziaczka. Nieco za duży nosek, troszkę za duże odstające uszy i wielka przerwa między przednimi zębami zachęcały do całusków.

Czy Zuzi-Buzi była ładna? Raczej nie, ale jej buzia była zawsze uśmiechnięta. Chude warkoczyki często podskakiwały w rytm śmiechu. Mieszkała w maleńkiej norce na skraju lasu. Mieszkanko składało się z dwóch pokoików, kuchni i łazienki. Dla Zuzi-Buzi był to prawdziwy pałac. Przy jej wzroście mogła tutaj urządzać nawet rajdy rowerowe i podchody. Umeblowanie mieszkania było bardzo proste: stół, krzesła, szafa, łóżeczka, ale dla Zuzi-Buzi był to najpiękniejszy dom w całej okolicy. W tym malutkim mieszkaniu ściany były obwieszone suszonymi kwiatami, które nawet zimą stwarzały wiosenny nastrój. Pachniało łąką i ktokolwiek tutaj zaszedł, czuł ciepło rozchodzące się po tym przytulnym wnętrzu. W norce nie było oczywiście okien, jedynie drzwi. By mieszkańcom nie brakowało jednak pięknego widoku, jaki często roztacza się z okien, założono peryskop, przez który mogli obserwować, co się dzieje na łące i w lasku. Nawet gdy było zimno i padał śnieg czy deszcz, a Zuzi-Buzi nie miała ochoty wystawiać uszu na niepogodę, mogła do woli obserwować, co się dzieje w sąsiedztwie. W takim właśnie domku mieszkała Zuzi-Buzi razem ze swoimi rodzicami.

Mamusia i tatuś bardzo kochali swoją córeczkę. Wszystko byłoby wspaniale, gdyby nie to, że mała Zuzi-Buzi często musiała zostawać sama w domu. Tatuś co rano wychodził do pracy, a mama biegała po zakupy i załatwiała dużo ważnych spraw. Tak ważnych, że nie można ich było przełożyć na popołudniowy termin albo pójść je załatwić razem z Zuzi-Buzi. Mama codziennie mówiła do córeczki:

— Kochanie, ja teraz wychodzę. Mam dużo ważnych spraw do załatwienia — tu chwytała się łapkami za głowę, chcąc tym dramatycznym gestem podkreślić, jak dużo. Całowała córkę na pożegnanie i pytała:

— Nie boisz się zostać sama w domu, prawda? Nie czekając na odpowiedź, mówiła dalej:

— Oczywiście, że nie.

Uśmiechała się nieuważnie, chwytała torby i w pospiechu zakładała palto. Zuzi-Buzi z zakłopotaniem kiwała potakująco głową. Nikt nie wiedział, co działo się w jej małym serduszku, jak mocno biło ze strachu. Drżącym głosem prosiła:

— Wróć jak najszybciej, proszę — i składała łapki, pragnąc tym gestem uprosić mamę, aby nie zostawiała jej długo samej. Mama zajęta pakowaniem toreb nie zwracała uwagi na zachowanie córki.

— To dobrze, że się nie boisz. Wrócę bardzo szybko — mówiła.

Potem przestrzegała:

— Nie zrób bałaganu i nikogo nie wpuszczaj do mieszkania.

— Tak, nie zrobię bałaganu — zapewniała Zuzi--Buzi, ponieważ wiedziała, że to niemożliwe. Wiedziała, że usiądzie w kąciku cała sparaliżowana ze strachu i każdy hałas, każde skrzypnięcie będzie powodowało, że warkoczyki staną na baczność, a serce będzie chciało wyskoczyć z piersi ze strachu. Będzie jej się wydawało, że skrada się lis, by ją porwać, albo wilk, który ją pogryzie.

Skulona siedziała w kąciku, jakby chciała wtopić się w ścianę i stać się niewidzialna. Czas wtedy płynął bardzo wolno, a strach jej nie opuszczał, trzymając silnie w swych objęciach. Ten strach przychodził także w nocy i tak samo jak w dzień, gdy była sama, straszył lisami i wilkami. Strachu nie mogła zobaczyć, ale czuła jego obecność. Nie tylko w ciągu dnia, lecz także i we śnie.

Drzwi zamknęły się za mamą. Jeszcze przez chwilę słyszała jej kroki. Powoli odgłosy stukających obcasów stawały się coraz słabsze, aż w końcu zaległa cisza. Cisza, w której słyszała bicie własnego serduszka. Skuliła się przy drzwiach, nasłuchując, czy nie zbliża się nieprzyjaciel. Sierść się na niej zjeżyła, oczy zrobiły się wielkie jak talerzyki, a umysł opanowała panika.

— Co robić, co robić? — powtarzała sztywnymi ze strachu wargami.

Kasia Łukowiak, lat 11

— Czy ty się boisz? — przeciął ciszę cieniutki, ostry głosik.

— Kto tu jest? — spytała Zuzi-Buzi, wciskając się w kącik.

— Ja — odparł ktoś bardzo zdecydowanym tonem.

— Ja, myszka Pupela.

Przed Zuzi-Buzi stała maleńka myszka.

— Nie 'boisz się? — spytała Zuzi-Buzi i zaraz się zawstydziła.

— Ależ nie — machnęła lekceważąco łapką myszka.

— Taka malutka, a nie boi się — głośno myślała Zuzi-Buzi. — A jak to robisz, że się nie boisz? — spytała ośmielona myszkę.

— Zaraz ci pokażę.

I myszka zaczęła powtarzać:

— Niczego się nie boję, jestem bardzo pewna siebie, poradzę sobie w każdej sytuacji.

Z każdym wypowiedzianym słowem powiększała się jak balonik i stawała się coraz większa i większa. Przed oczyma zdumionej Zuzi-Buzi maciupeńka Pupela zmieniała się w wielką, potężną mysz. Nagle Pupela westchnęła.

— Uff... Koniec pokazu.

— Proszę, naucz mnie tego — prosiła zaciekawiona Zuzi-Buzi. Cały jej strach zniknął, była tylko bardzo zaciekawiona, jak można stać się wielkim zającem i niczego się nie bać. Patrzyła z podziwem na Pupelę. Myszka, gestykulując łapkami, mówiła:

— Musisz poczuć się ważna i musisz nie myśleć o strachu. Ale ty chyba lubisz się bać, prawda? — spytała.

— Nie, nie — gwałtownie zaprzeczyła Zuzi-Buzi.

— No bo jeśli nie, to dlaczego myślisz o rzeczach i zdarzeniach niemożliwych? Przecież wilki są w zoo, a liski chciałyby się z tobą zaprzyjaźnić, a nie porwać. Mama liskowa ma dosyć kłopotów z własnymi dziećmi, żeby jeszcze chcieć opiekować się tobą.

— Nie wiem — odpowiedziała Zuzi-Buzi i wzruszyła ramionami.

— A więc od dzisiaj trenujemy się w pewności siebie i organizujemy zabawy.

— A będę potrafiła zrobić się taka duża jak ty?

— Oczywiście — odparła Pupela.

Dalej mówiła bardzo wolno, jakby chcąc, aby Zuzi-Buzi wszystko dokładnie zapamiętała.

— Nie jest ważne, czy jesteś duża, czy mała. Straszek, który zamieszkał w tobie, może chować się w dorosłych, czasem bardzo dużych zwierzętach, a nieraz całkiem maleńki zwierzaczek może być bardzo dzielny.

— Czy to znaczy, że są osoby, które nigdy się nie boją? — spytała Zuzi-Buzi.

— Och, nie — mówiła dalej myszka. — Też troszkę się boją, ale potrafią radzić sobie ze strachem.

— Uff... uf... — sapała Pupela, jakby chciała w ten sposób zasygnalizować, że już powiedziała wszystko. Spojrzała na Zuzi-Buzi i spytała:

— Mogę być znowu małą myszką?

— Tak — odparła Zuzi-Buzi.

Myszka zaczęła mówić do siebie:

— Nie jestem odważna, jestem malutką myszką potrzebującą opieki... — i na oczach zdumionej Zuzi-Buzi stawała się coraz mniejsza i mniejsza, kurczyła się w sobie.

— Czy to znaczy, że gdy będę pewna siebie, to będę odważna? — spytała Zuzi-Buzi.

— O, jak dobrze to zrozumiałaś! Jesteś bardzo inteligentna — z uznaniem powiedziała Pupela, teraz całkiem malutka myszka.

Wraz z tymi słowami Zuzi-Buzi poczuła, że troszkę urosła. Nagle z hukiem zaczęły odpadać guziczki od jej sukienki.

— Co się dzieje? — spytała z przerażeniem.

— Musisz się do tego przyzwyczaić, że im bardziej będziesz pewna siebie, tym bardziej będziesz rosła i tym bardziej będziesz odważna.

— Tak. To znaczy, że twoja metoda działa — mówiła zachwycona Zuzi-Buzi.

— Oczywiście — wysoko unosząc nos, odparła myszka.

Zuzi-Buzi zaczęła się śmiać z radości. Pupela początkowo zdumiona, przyglądała się jej, a potem i ona zaraziła się radością zajączka.

Chwyciły się łapkami i zawirowały zadowolone.

Zuzi-Buzi pomyślała:

— Już nie boję się swoich wymyślonych straszków. Nawet mogłabym tak je oswoić, jak oswaja się dzikie zwierzęta. Mogłabym nawet zaprzyjaźnić się z nimi.

Ta myśl tak się jej spodobała, że postanowiła, iż gdy znów przyjdą ją straszyć różne zwierzaki, to porozmawia z nimi, pogłaska, a potem się z nimi pobawi. Wiedziała też, że na Pupelę może zawsze liczyć, że ona jej pomoże, wytłumaczy, nauczy.

Uspokojona zaproponowała myszce, że pokaże jej swoje skarby. Pomaszerowały do pokoiku i spod łóżeczka Zuzi-Buzi wyciągnęły duży wiklinowy kosz. Co tam znalazły? Maleńkie łóżeczko ze śpiącą królewną, kolorowego pajacyka i brązowy kasztan oraz piękne kolorowe kule. W samym rogu koszyczka świecił wszystkimi kolorami tęczy kawałek oszlifowanego szkła.

— Jaki piękny — westchnęła zachwycona Pupela.

Myszka ostrożnie wzięła do łapki szkło i przyłożyła do oka. W jednej chwili pokój stał się czerwono-zielono-żółto-fioletowy.

— Jak cudownie — szepnęła zachwycona tą niezwykłą urodą miejsca odmienionego przez malutki kawałek szkła.

— To jest twój największy skarb? — spytała myszka.

— Tak — kiwnęła główką bardzo zadowolona Zuzi-Buzi.

Ucieszyła się, że przyjaciółka podziela jej zachwyt.

— Będę do ciebie przychodziła i zawsze pooglądamy sobie ten wyczarowany przez kawałek szkła świat.

— Och, jak się cieszę, że będziesz mnie odwiedzała.

— To już postanowione — rzekła Pupela i wyciągnęła łapki, by uścisnąć zajączka. Zuzi-Buzi była niezmiernie szczęśliwa, że teraz ma wspaniałą przyjaciółkę.

Nagle skrzypnęły drzwi.

To mama — pomyślała Zuzi-Buzi i wybiegła na jej spotkanie. Mama przytuliła córeczkę, a później chwyciwszy ją pod brodę, bacznie obserwowała mały pyszczek Zuzi-Buzi.

— Widzę, że dzisiaj się nie bałaś. Co robiłaś? — spytała.

Zuzi-Buzi chciała jak najszybciej opowiedzieć mamie, co się wydarzyło. Mówiła więc bardzo szybko.

— Zaprzyjaźniłam się z myszką i ona nazywa się Pupela, i ona jest bardzo odważna...

— Z myszką, z Pupelą? — zdziwiła się mama.

— Ona wszystko potrafi i nauczyła mnie nie bać się... i będzie mnie odwiedzać — chaotycznie mówiła Zuzi-Buzi.

— Czy mogłabym ją poznać? — spytała mama.

— Oczywiście — odparła Zuzi-Buzi. Pobiegła do swego kącika, wołając „Pupela, Pupela!", ale myszki nigdzie nie było. Zerknęła do koszyka pełnego skarbów, a tam obok kolorowego szkiełka siedziała malutka gumowa myszka. Zuzi-Buzi chwyciła ją w swoje łapki, przytuliła do twarzy i szepnęła:

— Wiem, że potrafisz zrobić wszystko, i lubię cię taką, jaka jesteś.

Potem wolno podeszła do mamy, rozłożyła swoje łapki i mama zobaczyła malutką, gumową myszkę.

— Jest bardzo ładna i odważna — powiedziała. Potem włożyła Pupelę do kieszonki sukienki, wyprostowała się i uśmiechnęła.

Wesoły Pufcio

W małym mieszkaniu, gdzie każdy z domowników ma swój ulubiony kącik, a każdy przedmiot ściśle wyznaczone miejsce, nie zdarzają się niezwykłe historie. Nie ma tutaj tajemniczych przedmiotów wyciągniętych z kuferka babci, starych fotografii, kolorowych kul, marmurowych rowerzystów, popiersi sławnych ludzi czy popękanych figurek z porcelany. W takich mieszkaniach są tylko praktyczne przedmioty. Wysłużone, stare wyrzuca się. Nawet stare zabawki wynosi się na śmietnik. W tych blokowych, małych mieszkaniach nie ma też miejsca na bałagan.

W takim właśnie domu mieszkała mała Kasia ze swoimi rodzicami — mamą Krysią i tatusiem Andrzejem. Miała swój malutki pokoik, w którym stały kolorowe regały, a na nich w równych rzędach siedziały lale, pluszowe misie, leżały książki, kolorowanki, piłki, a na najniższej półeczce klocki. W tym pokoju stało też łóżeczko Kasi, a obok niego leżał dywanik w śmieszne zielono-różowe kropeczki. Na oknie wisiały niebieskie firanki z wyhaftowanymi czerwonymi serduszkami. Pokoik był tak czyściutki, jakby w nim nikt nie mieszkał. Ani śladu kurzu, ani śladu bałaganu. Kasia zwykle bawiła się tylko jedną zabawką, potem znudzona odkładała ją na miejsce i brała następną, by później i tę odłożyć na ściśle wyznaczone miejsce. To mama nauczyła ją tego przestrzegać, więc nawet w trakcie zabawy pokój był uporządkowany. Tak naprawdę to Kasia nie lubiła się bawić w swoim pokoju, bo... bo bała się bałaganu i sprzątania. Lubiła natomiast biegać z dziećmi na podwórku, budować zamki z piasku i burzyć je albo być fryzjerką koleżanki i czesać jej długie włosy.

Dzisiaj jednak Kasia nie miała ochoty na zabawę. Wpadła do swego pokoju, rzuciła się na łóżeczko i zaczęła płakać. Pociągała nosem, aż zrobił się czerwony jak pomidor. Z oczu płynęły łzy jak ziarenka groszku. Siedzące na półkach lale i misie poruszyły się. Też zrobiło im się smutno, zaczęły zerkać na sąsiadki, szeptać między sobą.

— Co się stało, co się stało?

Nikt nie wiedział, dlaczego mała Kasia płacze. Misie i lale czuły, że coś należy zrobić, że trzeba pomóc Kasi.

— Ale jak to uczynić, nie znając przyczyny? — powtarzały. Ich malowane oczy skierowały się na Pufcia, różowego misia, i od niego oczekiwały pomocy. Zgodnym chórem powtarzały:

— Prosimy, poradź coś. Prosimy.

Pufcio nabrał powietrza i zrobił się jeszcze bardziej różowy i okrąglutki. Zdecydowanym ruchem podniósł łapki w górę i zsunął się z półeczki. Skok na podłogę udał się; spadł na cztery łapki. Po chwili podniósł się, otrzepał i pomaszerował w stronę Kasi. Wdrapał się na łóżeczko i podskakując na nierównej pościeli, dotarł do dziewczynki. Leżała z główką wtuloną w poduszkę i głośno pochlipywała. Delikatnie pogłaskał ją po twarzy i cichutko szepnął do ucha:

— Kasiu, nie płacz, porozmawiajmy. To ja, twój Pufcio.

Po chwili przerwy, jakby nabierając odwagi, dodał głośniej:

— Powiedz, co się stało?

Kasia podniosła główkę, przetarła rączkami oczy i westchnęła. Po chwili rzekła:

— Och, Pufcio, och, mój Pufcio — i objęła mocno misia. Pufcio przytulił się do niej, łapką głaskał ją po policzku.

— Och, dobrze, że jesteś — powiedziała Kasia.

— Pewnie — odparł misio z przekonaniem.

Ośmielona jego czułą bliskością zaczęła mówić:

— Dzisiaj w przedszkolu zsiusiałam się podczas poobiedniego leżakowania. Ty wiesz, że nieraz zdarza mi się to w domu, ale nigdy dotąd w przedszkolu. I dzieci śmiały się ze mnie, a pani pytała, czy nie jestem chora. Czy dzieci teraz będą się ze mną bawić? Czy jutro też się zsiusiam? — łkała Kasia.

— Rozumiem cię — odparł Pufcio. — Mnie też się to czasem przytrafia.

— Tak? — z niedowierzaniem spytała Kasia.

— Ależ oczywiście — kiwał głową miś, jakby chcąc potwierdzić swoje słowa.

— Nigdy nie widziałam kałuży na półeczce — mówiła zdziwiona Kasia.

— Zawsze zdążyłem posprzątać, lale mi pomagały.

— To one o tym wiedziały?

— Tak. A co w tym takiego strasznego, żeby nie

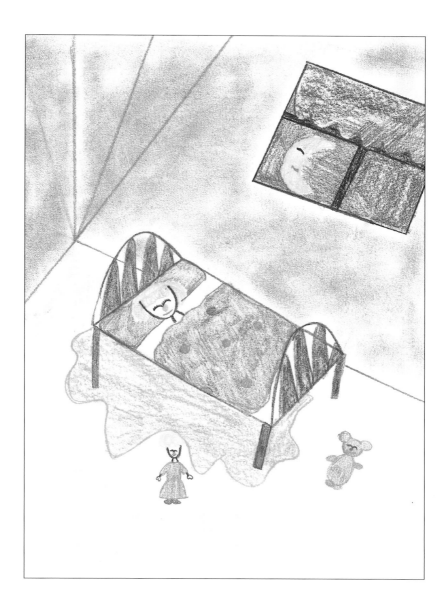

Kasia Łukowiak, lat 11

mogły wiedzieć? — spytał Pufcio. Teraz jego głos zdradzał zdziwienie.

— No... no niby to nic takiego, ale dzieci się śmieją — powiedziała smutno.

— Im to też się zdarza — spokojnie wyjaśniał Pufcio.

— Tak? — powątpiewała dziewczynka.

— Ależ oczywiście. Dzieciom często to się zdarza, rzadziej dorosłym. Nie ma więc powodu, by się tak bardzo wstydzić. Wstydzić się należy, gdy się komuś coś zabierze bez jego pozwolenia albo gdy celowo zniszczy się zabawkę, ale nie z powodu zmoczenia się. Właściwie za to jest odpowiedzialny twój pęcherz moczowy i on powinien się wstydzić — tu miś się roześmiał, a zawtórowały mu lale.

— A czy ty, Kasiu, się wstydzisz, gdy boli cię głowa albo brzuszek, gdy wymiotujesz? — zaśmiał się znowu Pufcio, bo zabrzmiało to bardzo nieprawdopodobnie.

— Rzeczywiście — odparła niemal całkowicie już przekonana Kasia. Uśmiechnęła się, pogłaskała misia i znowu przytuliła do siebie. Po chwili milczenia powiedziała:

— Ale to nie jest zbyt przyjemne zmoczyć się w łóżku. Mama też nie jest z tego zadowolona.

— Mam na to sposób! — krzyknął radośnie Pufcio.

— Jaki? — bardzo zainteresowała się dziewczynka.

— Od dzisiaj śpię z tobą w łóżeczku i będę cię budził, byś zdążyła zrobić siusiu. Ja będę całkowicie odpowiedzialny za twoje zmoczenia. Ja — dumnie wyprostował swoje ciałko. — Ja będę cię budził — powtórzył.

— Ach, jak to dobrze mieć takiego przyjaciela! — wykrzyknęła Kasia.

Pufcio ponownie zaczerwienił się tak mocno, że stał się nie różowym, ale czerwonym misiem.

— Wiesz — powiedział do Kasi. — Nie tylko ja ciebie kocham. Oni też — i wskazał łapką na półkę, gdzie siedziały lale i inne misie. Kasia spojrzała w tym kierunku i ze zdziwienia przetarła oczy.

— Czy ja śnię? — pomyślała, zamykając powieki.

Kiedy je powtórnie otworzyła, widziała to samo — uśmiechające się do niej lale i misie. Niektóre z nich machały rączkami, inne przesyłały całusy, ale wszystkie, absolutnie wszystkie uśmiechały się do niej po przyjacielsku. Miały radosne buzie i wesołe oczy, a spojrzeniem zachęcały do wspólnej zabawy. Kasia wyskoczyła z łóżeczka i delikatnie zaczęła zdejmować z półki lalki i misie. Posadziła je tak, że utworzyły krąg. Podali sobie ręce. I właśnie w tym momencie poczuli coś niezwykłego, jakby wypełniająca ich słodycz powędrowała łańcuszkiem połączonych rąk do Kasi. Dziewczynka poczuła to i powiedziała cichym, wzruszonym głosem:

— Dziękuję.

Nagle wszystkie zabawki zaczęły powtarzać:

— Dziękuję, dziękuję — bo to słowo też było słodkie i miłe.

— Co teraz będziemy robili? — zapytał Pufcio.

— Zabawimy się — odpowiedziała dziewczynka.

— Ale w co? — spytał zakłopotany miś.

— W teatr.

— Ach, to wspaniały pomysł! — krzyknęły chórem zabawki. Lale zaczęły stroić miny, poprawiać włosy, otrzepywać sukienki. Misie dumnie się wyprężyły, jakby każdy z nich chciał być rycerzem, żołnierzem, strażakiem i nie wiadomo kim jeszcze. Kasia podniosła się z dywanu i stanęła przed zdumionymi zabawkami.

— Jestem tancerką — oznajmiła.

Ukłoniła się i rozpoczęła taniec piruetem. To taka bardzo trudna figura w tańcu. Trzeba szybko zrobić obrót, stojąc na jednej nodze. Jak motylek zamachała rączkami i popłynęła przez pokój. Zabawki zastygły w bezruchu, zachwycone jej tańcem. Kasia zauważyła ich podziw, uśmiechnęła się i wyciągnęła do nich rączki.

— Proszę, zatańczcie ze mną.

Wtedy ochoczo ruszył w tany Pufcio. Poruszał się bardzo niezdarnie, na dodatek grubiutki brzuszek bardzo mu przeszkadzał, więc tylko przytupywał nóżkami i machał łapkami w takt nuconej melodii. Kasia popatrzyła na swego ulubieńca z tkliwością i chwyciła go za łapki. Zaczęli tańczyć razem i, o dziwo, Pufcio poruszał się rytmicznie, chociaż niezdarnie. Po chwili przyłączyły się do nich lale i pozostałe misie. Wirowali w takt niesłyszalnej orkiestry, która grała w ich sercach. W tańcu wyrażali całą radość, że są razem, że pomogli swojej małej przyjaciółce, że zrobili coś miłego. Wreszcie zmęczeni usiedli na dywanie. Odpoczywali, tylko niestrudzony Pufcio obmyślał następną zabawę. Po chwili zaproponował:

— Teraz każdy pokaże to, co potrafi robić najlepiej, dobrze?

— Ale my się wstydzimy — odpowiedział mu cichy szept.

— Nikogo nie będziemy zmuszali. Wystąpi tylko ten, kto ma na to ochotę — spojrzał na Kasię i zabawki.

— Dobrze — dobiegły głosy z różnych stron.

Pomysłodawca, jakby chcąc ośmielić zabawki, pierwszy wyszedł na środek pokoju i zaczął pokazywać figury akrobatyczne: zrobił szpagat, później stanął na uszach i w dodatku trzymał się za pięty. Wreszcie zademonstrował gwiazdę, a na koniec pięknie się ukłonił.

— To nieprawdopodobne, że ten niezgrabny grubasek Pufcio potrafi czynić takie cuda ze swoim ciałkiem — dyskutowały z entuzjazmem zabawki. Kasia pierwsza ochłonęła ze zdziwienia i zaczęła bić brawo. Po chwili dołączyły do niej zabawki. Teraz i one zapragnęły wystąpić. Zaczęły więc tłoczyć się i przepychać na środek pokoju.

— Ja, teraz ja — kłóciły się.

— Po kolei, proszę ustawić się w kolejce — zadecydowała Kasia i w ten sposób przerwała kłótnię.

Na środek pokoju wyszły trzy misie. Ukłoniły się i zaraz potem dwa z nich stanęły na górnych łapkach, a trzeci skoczył na ich nogi i w ten sposób utworzyły most. Zabawki zapiszczały z uciechy. Następnie misie utworzyły z siebie wieżę, wchodząc jeden drugiemu na ramiona. I ten numer również się spodobał. Wszyscy ze zdumienia otworzyli buzie.

Nagle otwarły się drzwi i stanęła w nich mama Kasi.

— No, pora spać — powiedziała. Zabawki zamarły w bezruchu, ale mama nie zwracała na nie uwagi. Kierowała swe słowa do Kasi: — Ale się rozbawiłaś. A jaki tu bałagan! — stwierdziła.

— Jutro posprzątam — pojednawczo odpowiedziała Kasia. — Mamusiu, ja tak kocham moje zabawki! To są moi przyjaciele.

Po chwili Kasia ubrana w piżamę leżała w łóżeczku, a obok niej Pufcio.

— Dobranoc — powiedzieli do siebie.

Zasnęli. Na niebo wyszedł stary wędrowiec — księżyc. Zaglądnął ciekawie przez okno do pokoju Kasi.

— Co tutaj się stało? — pomyślał zdziwiony. Nie poznawał bowiem Kasinego pokoju. Pokoju, który przedtem wyglądał jak nie zamieszkany. Teraz był pełen radości i życia, mimo iż wszyscy spali. Po krótkim zastanowieniu księżyc sam sobie odpowiedział:

— Tutaj mieszkają przyjaciele.

Srebrnymi promieniami pogłaskał Kasię i jej przyjaciół. Na ich twarzach pojawiły się uśmiechy. Również stary księżyc się uśmiechnął. Wiedział bowiem, jak to dobrze mieć przyjaciół.

Lisek Łakomczuszek

Był piękny, wiosenny dzień. Słoneczko świeciło i wysyłało swe ciepłe promienie na ziemię. Zielone, maleńkie gałązki nieporadnie wyciągały swe listki ku słonecznej pieszczocie. Wokół unosił się lekki zapach nagrzanej ziemi i świeżej trawy. Był tak orzeźwiający, że obudziłby nawet największego śpiocha. Wiaterek delikatnie łaskotał nos małego liska, który spokojnie spał pod rozłożystym dębem. Ach, to był dopiero śpioch! Nawet słoneczko, nawet wiaterek nie zdołały go obudzić. Zrobiła to dopiero natrętna mucha, siadając mu na końcu nosa. Usiłował ją zdmuchnąć, ale ona nie zrażona maszerowała dalej. Otworzył jedno oko, potem drugie i nagle wykonał szybki ruch łapką, chcąc ją złapać. Mucha miała jednak refleks i odleciała. Lisek przeciągnął się, spojrzał w niebo i leniwie ziewnął.

Już późno. Pora wstawać — pomyślał.

— Fumciu! — zawołała mama. — Chodź na śniadanie.

O, śniadanko! To lubię — pomyślał. Zerwał się z ziemi, otrzepał ogonkiem futerko, przeczesał łapką włosy i ruszył w kierunku mamy.

— Och, mój syneczek już wstał — ucieszyła się

mama i pogłaskała liska po głowie. — Powiedz, co byś zjadł na śniadanie?

— Wszystko, co masz w spiżarni, mamusiu — odparł szczerze Fumuś.

— Ach, ty mój kochany łakomczuszku — zażartowała mama i podała synkowi piramidę przepysznych kanapek, soczek, ciasteczko czekoladowe z kremem, banana, mandarynkę i wiele innych przysmaków. Fumek zajadał się. Wszystko mu smakowało. Mama w trosce, by brzuszek nie pękł z przejedzenia, pytała:
— Może masz już dość? Może pora zakończyć śniadanie?

Fumek jadł i jadł, a jego brzuszek powiększał się coraz bardziej. Zakończyłoby się to katastrofą, gdyby mama nie wkroczyła bardziej zdecydowanie.

— No, już masz dość — powiedziała i schowała do spiżarni resztki jedzenia. — Syneczku, czy pamiętasz, że dzisiaj są imieniny twojego przyjaciela zajączka? Przygotowałam prezent, kiedy ty smacznie spałeś. Zapakowałam do koszyka piętnaście jajek przepiórczych, pierniczki pięknie wypieczone i czekoladki z nadzieniem wiśniowym. O, proszę — i mama podała Fumciowi koszyczek. Lisek skrzywił się na widok koszyka, który teraz będzie musiał nieść.

— A może odprowadziłabyś mnie, mamusiu? — przymilnie zapytał lisek Fumek.

— Dzisiaj nie mogę. Jestem bardzo zapracowana: pranie, prasowanie, sprzątanie i gotowanie dla ciebie smacznego obiadu.

Ten ostatni argument przekonał liska. Mrucząc pod nosem: „Tak, tak..." wziął koszyczek i ruszył w las. Nie uszedł daleko. Poczuł się zmęczony, bo był z niego nie tylko śpioszek, obżartuszek, ale i niezły leniuszek. Usiadł pod drzewem i zajrzał do koszyka. Jajeczka wyglądały bardzo apetycznie.

— Och! — westchnął. — Jakie one muszą być smaczne — i pogłaskał się po brzuszku. Ślina napłynęła mu do ust, już poczuł smak przepiórczych jajeczek, już ręka sama wyciągnęła się do koszyka. Stop — pomyślał. Przecież to jest prezent. Lisek cofnął rękę. Ale po chwili zrodziły się wątpliwości.

Może te jajeczka są nieświeże i co wtedy powie zajączek? Jak on się zmartwi, a jak ja się zawstydzę! Muszę spróbować i przekonać się, czy są smaczne. Cóż znaczy jedno jajko wobec odpowiedzialności, jaką biorę na siebie, ofiarując paskudny prezent?

Przekonawszy samego siebie, że jest to jedyna słuszna decyzja, Fumek rozbił skorupkę jajka i wypił je z apetytem. Bardzo z siebie zadowolony pogłaskał się po brzuszku i stwierdził:

— Jajeczka są smaczne i świeże — ale zaraz potem się zreflektował: — To jajko, które zjadłem, było smaczne i świeże, ale czy inne są takie same, tego doprawdy nie wiem. Może następne jajka są zepsute i będzie mi bardzo przykro, gdy je ofiaruję kochanemu zajączkowi, a on się rozczaruje. Muszę spróbować jeszcze kilka i jeśli będą dobre, to mogę być spokojny o pozostałe.

Spróbował. Także następne były smaczne, ale naszego łakomczuszka wątpliwości nie opuszczały, więc jadł jajka jedno po drugim, aż w końcu zjadł wszystkie.

— No cóż — stwierdził. — Wszystkie jajka były bardzo smaczne i świeże, ale skąd to mogłem wcześniej

Marta Szczot, lat 4,5

wiedzieć? — usprawiedliwiał się przed sobą. Zaglądnął do koszyczka. Były tam jeszcze pachnące pierniczki i malutkie czekoladki nadziewane wisienkami. Uspokojony, że zostało jeszcze dużo przysmaków, pomyślał:

Już późno, muszę się pospieszyć, jeśli chcę zdążyć na imieninowe przyjęcie.

I nasz Fumcio zaczął biec, ale to jest bardzo trudne, jeśli ma się takie wielkie brzuszysko jak on. Zasapał się, poczuł się bardzo zmęczony. Usiadł pod drzewem. Prezent dla zajączka wciąż nie dawał mu spokoju, postanowił więc sprawdzić, czy pierniczki nie połamały się. Nie, wyglądały bardzo pięknie. Ich zapach wkręcił się liskowi do nosa, lecz zarazem przyszła mu do głowy straszna myśl, że może te pierniczki są niesmaczne. Może mama zapomniała dosypać jakiegoś ważnego składnika i są gorzkie albo słone? Zapach zdawał się mówić coś zupełnie innego, ale — przekonywał siebie — to jeszcze o niczym nie świadczy.

— Spróbuję — zdecydował. — Nie mogę kochanego zajączka narażać w dniu imienin na tak przykrą niespodziankę.

Włożył pierniczek do ust. Był to najlepszy z najlepszych pierniczków. Po prostu doskonały. Potrzeba sprawdzenia, czy wszystkie są smaczne, spowodowała, że lisek zjadł resztę ciasteczek. Zajrzał do koszyczka. Zostało tam tylko kilka czekoladek nadziewanych wisienkami.

Nie jest to bogaty prezencik, ale zajączek na pewno się ucieszy. On tak lubi cukierki — pomyślał Fumek. Lisek podniósł się. Było to bardzo trudne zadanie, bo jego brzuszek-obżartuszek był bardzo duży.

Wolno człapiąc, maszerował w kierunku domu zajączka. Po kilku minutach usiadł na pniu drzewa. Zajrzał znowu do koszyczka. Było tam przecież kilka czekoladek. One też mogą być nieświeże — myślał. Muszę spróbować — i zjadł najpierw jedną, potem drugą, trzecią. Gdy zjadł ostatnią, stwierdził, że wszystkie były bardzo dobre, ale on nie ma prezentu dla zajączka. I rozpłakał się, że jest takim obżartuchem. Płakał i płakał. Usłyszała jego lamenty wiewiórka i szybko przybiegła z pomocą. Wielkim, rudym ogonem otarła łzy liska i powiedziała:

— Na wszystko jest rada. Opowiedz mi, co się stało.

— Naprawdę na wszystko jest rada? — spytał niedowierzająco Fumcio i opowiedział jej o tym, co się wydarzyło. Przestał płakać i z nadzieją oczekiwał pomocy od wiewiórki.

— Muszę się zastanowić — powiedziała.

Lisek zaczął znowu lamentować.

— Ja nie mogę wrócić do domu. Zostanę pod tym drzewkiem na zawsze — zaczął znowu płakać, tym razem z rozpaczy, że nie zobaczy swojej mamy. — Nie mogę wrócić, bo mama będzie bardzo smutna, że ma syna obżartucha, łakomczucha, a inne liski będą się ze mnie wyśmiewały. Co ja zrobiłem, co ja zrobiłem — powtarzał. — Nie będę też miał przyjaciela zajączka, nie będę miał z kim się bawić, rozmawiać, już zawsze będę nieszczęśliwy — pocierał oczy, z których, jak z fontanny, płynęły łzy.

— Mam — wykrzyknęła wiewiórka — dobrą radę dla ciebie!

Lisek jej nie słuchał. Mówił głośno do siebie:

— A może mam nakłamać i powiedzieć, że to niedźwiedź odebrał mi koszyk z prezentami i wszystko zjadł? — spojrzał pytająco na wiewiórkę i na moment przestał płakać.

— To fatalny pomysł — rzekła wiewiórka. W odpowiedzi Fumcio znowu głośno zaczął zawodzić. Uderzyła energicznie trzy razy ogonem o ziemię i powiedziała głośno, chcąc przekrzyczeć lamenty liska:

— Albo mnie słuchasz, albo idę sobie, a ty zostaniesz sam ze swoim problemem.

— Będę cię słuchał — posłusznie odparł lisek i zaczął wycierać mokry nos ogonkiem.

— Kłamstwo niewiele ci pomoże. Rodzice pójdą do niedźwiadka i sprawa się wyjaśni, a ty nie tylko będziesz łakomczuchem, ale i brzydkim kłamczuchem.

— Co robić, co mam robić? — pytał zrozpaczony lisek.

— Popracujesz u mnie, a ja zapłacę ci za to orzeszkami i będziesz miał prezent dla twego przyjaciela. Gdy wyjaśnisz mamie, że pracowałeś, chcąc odpokutować swoje łakomstwo, to też nie będzie się gniewała. Zrozumie, że chciałeś naprawić swoją winę i potrafiłeś znaleźć dobre rozwiązywanie przy mojej pomocy.

— Tu wiewiórka skromnie opuściła łapki, bardzo z siebie zadowolona.

— Oj, to dobrze — z ulgą powiedział Fumuś, ale zaraz zaniepokoił się: — A co to za praca? Czy nie nazbyt ciężka? Bo ja mam bardzo słabe zdrowie.

Wiewiórka w odpowiedzi zaśmiała się tylko. Fumcio zrozumiał i zawstydził się tak bardzo, że zrobił się jeszcze bardziej rudy.

— Ale ja muszę zdążyć na przyjęcie — nagle przypomniał sobie lisek. — Wiesz, mam propozycję. Daj mi teraz tę zapłatę, a potem odpracuję — mówił z przejęciem i bardzo przekonująco.

— Nie zgadzam się — usłyszał w odpowiedzi.

— To co mam robić?

— Będziemy razem szukali moich spiżarni, moich orzeszków zakopanych jesienią. Jestem straszna zapominalska i nie wiem, gdzie one są. Zaglądaj pod każde drzewko, pokop troszkę łapkami, we dwójkę na pewno znajdziemy.

Zabrali się do pracy. Nie było to łatwe zadanie odnaleźć ukryte schowki wiewiórki, ale lisek wiedział, że to jedyny sposób uniknięcia wstydu. Pracował więc bardzo dzielnie i znalazł wiele kryjówek z orzechami. Po godzinie ciężkiej pracy wiewiórka powiedziała:

— Bardzo dzielnie się spisałeś. Masz zapłatę — hojną ręką wsypała kilka garści orzechów do koszyczka. Fumcio uśmiechnął się. Był bardzo z siebie zadowolony. Uścisnęli się serdecznie i lisek żwawo pobiegł na przyjęcie do zajączka. Wiedział, że już nie zdąży na podwieczorek, ale teraz dla niego nie przysmaki były ważne, lecz to, że nie zawiódł mamy i przyjaciela, i że potrafił rozwiązać przy pomocy wiewiórki tę trudną sytuację.

— Muszę im to wszystko opowiedzieć. Oni na pewno mnie zrozumieją, a ja już teraz będę inny — szepnął do siebie lisek.

Mrok i jego przyjaciele

Mały chłopiec leżał w łóżeczku. Było ciemno. Mrok rozkładał się na stole, suficie, krzesłach, segmentach i łóżku tak, jak rozkłada się tkanina położona na przedmiotach. Zamazywał ich kształty, jednocześnie je otulając. Mrok był tajemniczy, bo utrudniał rozpoznanie dobrze znanych przedmiotów. Pokój w świetle dnia był wesoły i kolorowy. Teraz natomiast miał barwę ciemnoszarą. Tego właśnie nie lubił chłopczyk leżący w łóżeczku: mroku, który zaczarowywał i odmieniał jego pokój. Zamknął więc oczy, nie chciał tego oglądać, ale zaciśnięte mocno powieki nie zmieniły niczego, bo on wiedział, że jeśli troszkę otworzy nawet tylko jedno oko, to znowu znajdzie się w tym swoim — nie swoim pokoju.

Cóż robić? — przemknęła mu myśl jak błyskawica. — Może zawołać mamę? E, nie, ona się będzie gniewała, że nie śpię lub powie: „Nic się nie bój, jestem obok w kuchni" i nie pozwoli zapalić światła. Może zawołać tatę? Także nie. On na pewno powie, że znowu coś wymyślam, by nie spać albo: „Taki duży chłopiec, a się boi".

Właśnie to zdanie zawsze najbardziej go gniewało, bo po pierwsze, wcale nie czuł się duży. Mama przecież często powtarzała: „Mój ty maleńki mężczyzno". Po wtóre, kto by się nie bał, kiedy nie można zobaczyć, gdzie się naprawdę jest i nie wiadomo, co się może zdarzyć? Może jednak zawołać tatę i podstępnie zapytać go o samochód? Tata zawsze lubi rozmawiać o samochodach. Kiedy już tu będzie i zacznie mówić o benzynie, motorze, cały ten mrok nie będzie taki straszny... Ale tato o tej porze nie będzie chciał rozmawiać; wieczorem jest zawsze taki oficjalny i nie znosi sprzeciwu.

Kogo by tu zawołać, z kim porozmawiać? — myślał głośno chłopczyk. Jego myśli wymknęły się spod kontroli i zabrzmiały w pokoju całkiem donośnie.

— Ze mną — odezwał się po chwili miły, matowy, chłopięcy głos. Wyłonił się z ciszy, jak dzień wyłania się z nocy. I zaraz zrobiło się przyjemnie, nie tak obco.

— Kto ty jesteś? — zapytał zdziwiony chłopczyk. Usiadł na łóżeczku i wpatrywał się w ciemność.

— To ja, Mrok — i po krótkiej przerwie dodał: — Mam taki ciemnoszary płaszcz i nim okrywam wolno wszystko: domy, ulice, lasy i pola. Po mnie przychodzi noc, a potem znowu witam dzień. Mam też bardzo miłych przyjaciół — to cienie. Jeśli chcesz, to poznam cię z nimi. Bo... bo ja nie mam twarzy i nie mogę ci się pokazać.

Chłopiec wyczuł smutek w jego głosie. Pomyślał szybko, że tajemniczy nieznajomy wcale nie jest straszny, a tylko smutny. Podjął więc decyzję.

— Mogę się z tobą zaprzyjaźnić. Nie muszę cię widzieć. Wystarczy, że będziesz blisko, że będziemy rozmawiali, że będziemy razem.

— Tak? — z niedowierzaniem spytał Mrok.

— Oczywiście — odparł chłopiec.

— Bardzo się cieszę.

Teraz jego głos był inny; silny, pełen radości.

— Ja nie mam jeszcze przyjaciół, a tak bardzo bym chciał — powiedział chłopiec.

— Wiesz, poznam cię z moimi cieniami — zaproponował Mrok.

— Z cieniami? — zdziwił się chłopiec.

— Tak. Oni są niezwykli, mogą być wielcy jak wieżowce i po chwili tacy malusieńcy, że potrafią wejść do mysiej norki. Mogą stać się grubasami albo osobnikami cienkimi jak patyki. Mogą upodobnić się do ciebie, potem do stołu, do drzewa. Oni to potrafią. Potrafią wcielić się w każdą osobę, każdą rzecz.

— Och, jak bardzo chcę ich poznać! Gdzie oni są? — niecierpliwił się chłopiec.

— Tutaj jesteśmy — odpowiedział mu chórek złożony z dwóch głosów.

Chłopiec rozejrzał się dookoła, poszukując w mroku źródła tych głosów. Nagle z ciemności wyłoniły się dwie postacie, które były dwuwymiarowe, to znaczy miały tylko długość i szerokość. Jedna z nich była długa i chuda jak patyk, a druga pucołowata i okrąglutka jak piłka.

— Od razu was poznałem — mówił chłopiec. — Wasz przyjaciel Mrok bardzo dokładnie was opisał.

— My już dawno chcieliśmy ciebie poznać, ale do tej pory nam się to nie udawało. Tańczyliśmy czasem dla ciebie po ścianach, wyskakiwaliśmy zza drzwi lub okien, ale... ale ty nie chciałeś się z nami zaprzyjaźnić. Płakałeś albo wołałeś mamę lub tatę i było nam troszkę przykro z tego powodu — mówiły, wzajemnie przekrzykując się, jakby nagle chciały wszystko powiedzieć, nadrobić stracony czas. Chłopiec zawstydził się, że zachowywał się jak małe dziecko. Milczał. Cienie zrozumiały jego nastrój i zaczęły przekonywać:

— Nic się nie martw, to normalne, że się bałeś. Przecież nas nie znałeś. My też się boimy.

— Wy też? — zdziwił się chłopiec.

— Tak, my boimy się dnia! — krzyknęły.

— Dnia? Czy można bać się dnia? Wtedy jest tak pięknie, wszystko można zobaczyć, dotknąć, poznać.

— My mamy swój świat. Świat ciemności i przyjaciela Mroka. Widzimy może niedokładnie, ale to jest piękne, bo odkrywamy inny, tajemniczy świat, gdzie każda rzecz zmienia swój wygląd. Czasem jest ciemnoszara, czasem srebrzysta, czasem czarna. To też jest cudowny świat, który mógłbyś poznać razem z nami. Aha, zapomnieliśmy powiedzieć, dlaczego boimy się dnia. Bo światło nas przepędza i musimy się ukrywać, i czekać, aż znowu przyjdzie Mrok.

— A gdzie się ukrywacie? — spytał chłopiec.

— W rzeczach, na przykład w tym stole, w tym krześle — pokazał ręką jeden z cieni, ten bardzo chudy.

— Tak?

— Oczywiście — odpowiedziały cienie.

Ja boję się ciemności, a one dnia. Jakie to dziwne — myślał chłopiec. Zrozumiał, że jego lęk nie wynika z prawdziwego zagrożenia, jest wymyślony. — Dzisiejszego wieczoru to odkryłem — cieszył się chłopiec.

— No, dość tych rozważań. Wstawaj — powiedział Mrok. — Pójdziemy na spacer.

Bartek Mądry, lat 5

— Na spacer? — zdziwił się chłopiec.

— Tak, na spacer — odrzekł Mrok. — Ja was otulę swoim płaszczem, nie będzie zimno, nie będzie niebezpiecznie.

— Ale jak wyjdziemy z pokoju? — zmartwił się chłopiec. — Mama zamknęła drzwi i gdy usłyszy skrzypienie podłogi, ruch klamki, to na pewno przyjdzie tutaj i nam zabroni.

— Nie będziemy otwierali drzwi.

— A jak wyjdziemy? — spytał chłopiec.

— Przez szparę w drzwiach — powiedziały cienie.

— Przez szparę? — powtórzył ze zdziwieniem chłopiec. — Ale ja się nie przecisnę.

— Mrok tłumaczył ci, że my, cienie, jesteśmy ukryte w ciągu dnia w przedmiotach, w osobach, a w nocy ujawniamy się. Teraz ty też będziesz swoim cieniem.

— Zamienię się w cień? — spytał chłopiec.

— Nie musisz się zamieniać. On jest w tobie, tylko ty o tym nie wiedziałeś, bo w dzień się w tobie chowa, a wieczorem wychodzi. To znaczy, że on jest twój i jest trochę tobą. Proszę, spójrz na ścianę, widzisz go?

— Ależ tak!

— Cieszymy się, że to zrozumiałeś — powiedziały cienie.

— To głupie bać się siebie, a ja się bałem mroku i cieni — mówił chłopiec.

— Bo tego po prostu nie rozumiałeś. Często strach i lęk rodzą się z niezrozumienia, a gdy już się wie, to puf — i strachu nie ma — tłumaczyły cienie.

— Chodźcie już, chodźcie — zachęcał Mrok.

— Dobrze! — odkrzyknęli jednocześnie i chłopiec, i cienie.

Chłopiec wstał z łóżeczka i skierował się w stronę drzwi, zatrzymał się i powiedział:

— Jeszcze nie przedstawiliśmy się sobie. Mama mówi, że to niegrzecznie.

— Już naprawiamy ten błąd. Ja jestem długi Plim, a on — gruby Plam.

— A ja — pokazał paluszkiem na siebie chłopiec — Michu. Tak naprawdę to jestem Michał, ale bardzo lubię, gdy wołają na mnie Michu, bo zawsze potem mama albo tata całują mnie i głaszczą. Wasze imiona też są zdrobnieniami? — spytał Plima i Plama.

— Nasze imiona są stare. Ja jestem Pliniusz Starszy i dlatego wołają na mnie Plim.

— A ja Pliniusz Młodszy i dlatego mam zdrobniałe imię Plam.

— Aha — powiedział Michu, ale zaraz się poprawił i dodał: — Rozumiem.

— Idziemy — powiedział Mrok.

Wolniutko przecisnęli się przez drzwi, rozglądając się, czy ktoś nie nadchodzi. Przechodząc koło kuchni, Michał zerknął do środka. Mama zmywała naczynia, a tata czytał gazetę. Chłopcu przemknęła myśl, że zapomniał wyrzucić śmieci.

— Jutro z rana to zrobię — obiecał sobie. — Mama tak dużo pracuje, trzeba jej pomóc.

Nie było czasu na rozważania. Musiał dogonić kolegów. Dotarł do drzwi wejściowych. I tutaj, jak poprzednio, bez trudności przecisnął się przez szparę.

Na dworze wszystko było szare. Domy, ulice, drzewa, nawet niebo były samą szarością. Dzisiaj ta szarość nie budziła lęku. Był razem ze swoimi przyjaciółmi, odkrywał inny, szary świat. Świat, w którym króluje Mrok.

— Dokąd pójdziemy? — spytał.

— Teraz musimy tak się wydłużyć, by stojąc na chodniku, zaglądnąć na dach tego pięciopiętrowego budynku — powiedział Plim.

— Zajrzeć na dach mojego domu? Ależ to niemożliwe — stwierdził Michu.

— Wszystko jest możliwe, gdy jesteś z nami — odpowiedział Plam tonem nie znoszącym sprzeciwu.

— Podaj mi ręce.

Chłopiec w ich dłonie wsunął własne i wyczuł energiczny uścisk, później delikatne szarpnięcie i poczuł, że rozciąga się jak guma. Spojrzał na swoje nogi — były bardzo długie i nadal się rozciągały. Mijał okna kolejnych pięter tak szybko, jak winda jadąca w górę czy w dół. Był długi, tak bardzo długi, że opierając się stopami o chodnik, głową sięgał dachu. Przyjaciele, widząc jego zdumioną minę, parsknęli śmiechem. Plam powiedział:

— Z czasem się przyzwyczaisz do tego i uznasz to za normalne.

— Normalne? Jak to możliwe? — zapytał.

— Przecież jesteś cieniem, swoim cieniem, a cień potrafi być malutki, wielki, olbrzymi i nie ma w tym nic dziwnego, jak nie jest dziwne, że wieje wiatr, zapada mrok, że kwiaty pachną i opowiadają nocą niezwykłe historie o ziemi, o tym, co jest tam głęboko, pod naszymi stopami.

Chłopiec zastanowił się. Ile dzisiaj zdarzyło się niezwykłości, ile rzeczy zrozumiał! On, który jeszcze niedawno bał się ciemności. Rozejrzał się dookoła — w mroku majaczyły kominy, niebo zlewało się z dachami, było cicho i spokojnie. Nagle pojawiła się kotka. Przybyła nie wiadomo skąd. Po prostu wyłoniła się z mroku.

— Jestem Klementyna i mieszkam tutaj — przedstawiła się chłopcu. — A ty kim jesteś? — spytała. Michał nie zdążył odpowiedzieć, więc Plim i Plam dokonali prezentacji.

— To nasz nowy przyjaciel Michu.

— Bardzo mi miło — powiedziała Klementyna i przed oczyma zgromadzonych przyjaciół wykonała piruet. Zrobiła to bardzo pięknie. Jej ruchy były zwinne, lekkie i pełne gracji.

— Jesteś tancerką? — zapytał Michu.

— Ach, jaki jesteś miły — powiedziała Klementyna i zakryła łapką pyszczek, chcąc w ten sposób ukryć zakłopotanie.

— Naprawdę tańczysz wspaniale!

— Czy chcesz, bym zatańczyła specjalnie dla ciebie?

— Tak — odpowiedział uradowany chłopiec i klasnął w dłonie.

Klementyna wyprostowała się, ukłoniła i rozpoczęła występ. W rytm lekkiego wiatru sunęła po dachu jak po parkiecie sali balowej, odchyliła głowę, rozpostarła ramiona, jakby tańczyła w objęciach fal powietrza. Zawirowała, a potem nagle zatrzymała się i wolno, obejmując i tuląc wiatr, kołysała się razem z nim. Chłopiec poczuł powiew wiatru i usłyszał jego delikatną muzykę. Otoczony płaszczem Mroku też zaczął tańczyć, początkowo nieśmiało, później coraz swobodniej, w rytm ciemności nocy. Chwycił łapki Klementyny i wirowali razem. Zmęczeni tańcem zatrzymali się. Klementyna pogłaskała go łapką po twarzy i poprosiła:

— Zapamiętaj tę noc.

Michu pokiwał głową.

— Nie mógłbym tego zapomnieć — szepnął.

Stali na wprost siebie i w jednej chwili Klementyna z baletnicy zamieniła się w zwyczajną kotkę biegającą po dachu.

— Lubię cię i taką — powiedział Michu. — Dziękuję za taniec.

— Pa — odpowiedziała kotka, a znikając w ciemnościach, krzyknęła:

— Odwiedzę cię kiedyś!

— Będę czekał! — odkrzyknął chłopiec.

— Pora wracać. Zaraz przyjdzie noc, piękna noc księżycowa. Nasz przyjaciel Mrok musi wracać do domu. Byłoby mu przykro odejść tak bez pożegnania.

— Dobrze — rzekł Michu, choć bez zbytniego entuzjazmu. Spodobało mu się być długim, zaglądać na dachy, mieć niezwykłych przyjaciół, ale rozumiał, że powinien postąpić tak, jak radziły cienie. Ponownie chwycił je za ręce, poczuł lekkie szarpnięcie i tak szybko jak winda zjeżdża w dół, zaczął maleć. Powrócił do swoich poprzednich rozmiarów.

— Idziemy — powiedział Plim.

— A Mrok? — spytał Michu.

— On jest z nami. Cały czas otula nas swym płaszczem — wyjaśnił Plam.

Trzymając się za ręce, nasza trójka, podobnie jak poprzednio, przecisnęła się przez szpary w drzwiach. Wszyscy znaleźli się z powrotem w mieszkaniu

Micha. Cichutko, na paluszkach przechodzili obok kuchnii pokoju rodziców. Było ciemno i cicho. Śpią — pomyślał chłopczyk. — Jutro im wszystko opowiem.

Po chwili leżał już wygodnie w swoim łóżeczku.

— I co, podobało ci się? — spytał Mrok.

— O tak, dziękuję bardzo — powiedział chłopczyk, ziewając.

— Do jutra — rzekł Mrok.

— Do zobaczenia — powiedzieli równocześnie Plim i Plam.

Zasnął.

Rano obudziło go słoneczko zaglądające ciekawie przez okno, pocałowało czule i tańczącymi promieniami zachęcało do wstania. Chłopiec przetarł rękami powieki, przeciągnął się i wyskoczył z łóżka.

— Mamo, mamo! — zawołał.

Drzwi się otworzyły, a w nich ukazała się ukochana mama. Wyciągnęła ręce do syna i powiedziała:

— Pora wstawać.

— Mamo, miałem wspaniały sen. Ja już nie boję się ciemności. Jak chcesz, to opowiem ci mój sen — mówił bardzo szybko i chaotycznie.

Nagle w oknie pojawił się ciemny kształt, mała kuleczka, która rozwinęła się i przybrała postać kotki. Oparła się o szybę i zajrzała do pokoju. Ich oczy spotkały się.

— O, Klementyna! — krzyknął chłopczyk i podbiegł do okna. Kotka wygięła grzbiet i wykonała wspaniały sus na sąsiedni balkon. Chce, żebym ją podziwia¹ — uznał. Z zamyślenia wyrwała go mama.

— I co ci się śniło, syneczku? — spytała.

— To właściwie nie był sen. To zdarzyło się naprawdę. Ja już nie boję się ciemności i mam przyjaciół: Mroka, Plima i Plama. I kotkę Klementynę.

— Wspaniale, opowiesz mi to w kuchni — przerwała mu mama. — Czeka tam na ciebie śniadanie.

— Do zobaczenia wieczorem — powiedział chłopiec, wychodząc z pokoju. Wiedział, że Mrok i cienie zostaną tu, czekając na jego znak.

Ufuś

Chciałbym przedstawić wam Ufusia, kochanego, malutkiego ufoludka, który zjawił się w moim domu w zwykły, szary dzień. W taki dzień, gdy troszeczkę pada deszcz i słońce nie może przebić się przez chmurki, by powiedzieć „Dzień dobry". W taki dzień, gdy mama powtarza: „Boli mnie głowa, idź pobaw się i nie przeszkadzaj mi". W taki dzień, gdy zabawki siedzą naburmuszone i nie mają ochoty na zabawę. Właśnie w taki dzień się spotkaliśmy. Stał przed drzwiami mojego mieszkania. Minę miał tak niepewną, jakby zastanawiał się, czy ma wejść, czy też nie. Ufuś, bo tak go nazwałem, był niezwykły: maleńki (mierzył około 20 centymetrów) i cały zielony. Na jego zielonej głowie znajdowały się cztery pary oczu, cztery pary uszu, także cztery nosy i czworo ust. Wyglądało to, jakby miał cztery twarze połączone w jedną całość, każda jednak patrzyła w inną stronę świata.

Głowa przytwierdzona była do tułowia na sztywnej jak patyk szyi. Tułów przypominał bardzo foremny walec, do którego przytwierdzone były cztery kończyny górne zakończone niezliczoną ilością małych czułków. Ufuś stał na jednej nodze, na końcu której znajdowała się mała kuleczka umożliwiająca szybkie poruszanie się.

— Skąd się tutaj znalazłeś? — spytałem zdziwiony małego stworka. Milczał. Może jest zabawką i swoim zwyczajem nie odpowiada na najbardziej grzeczne pytania, może odbiera na innych falach albo nie zna naszego języka, albo nie chce ze mną rozmawiać, a może z innych powodów nie odpowiada na pytania?

Pochyliłem się i delikatnie ująłem go w dłonie, uniosłem na wysokość moich oczu i powiedziałem najczulej, jak potrafiłem:

— Chcę być twoim przyjacielem.

Wówczas poczułem delikatny ruch jego czułków, które były zakończeniami kończyn górnych. Potraktowałem to jak uścisk dłoni. Ucieszyłem się tak bardzo, że zapomniałem się zdziwić.

— Dobrze, że się zgadzasz — odpowiedziałem szybko.

Bałem się, że ponownie znieruchomieje. W tym momencie jego oczy, poprzednio matowe i martwe, roziskrzyły się. Dopiero teraz przyszło mi do głowy pytanie — czy to jest możliwe, że on jest żywy?

— Czy ty żyjesz? — spytałem, jąkając się z wrażenia.

— A co to znaczy „życie"? — odpowiedział pytaniem.

Jego głos był matowy, nienaturalny, przypominał buczenie rozregulowanego odbiornika radiowego.

— Życie to jest, jak się mówi... je... myśli... oddycha i, i, i... porusza — wyjąkałem.

— Tak? — zdziwił się Ufuś.

Chcąc zatrzeć przykre wrażenie, że naprawdę nie wiem, co znaczy „żyć", szybko zapytałem:

— A co ty o tym sądzisz?

— Życie to jest wieczna tęsknota, oczekiwanie, marzenia...

Pomyślałem, że on też tak dokładnie nie wie, co to jest. Zapytam mamę albo tatę. Oni powinni wiedzieć.

— Chodźmy pobawić się do mojego pokoju — zaproponowałem, chcąc przerwać te rozważania.

— Dobrze — zgodził się Ufuś.

Trzymając go w dłoni, jak bomba wpadłem do pokoju. Było to najmniejsze pomieszczenie w całym mieszkaniu, ale ja też byłem mały. Chodziłem do pierwszej klasy i dlatego ten nieduży pokoik wydawał mi się całkiem obszerny. Oczom Ufusia ukazał się regał, na którym od podłogi do sufitu tłoczyły się zabawki: samochody ciężarowe i osobowe, całe kolekcje starych i sportowych pojazdów, piłki, klocki, misie, bąki i nie wiem co jeszcze. Po przeciwnej stronie stało łóżeczko, a pod oknem biurko. Na podłodze leżał wielki dywan, na którym można było rozgrywać bitwy, urządzać zawody, ogłaszać zwycięstwa. Byłem bardzo dumny z takiego pokoju i z moich kolekcji. Dlatego spytałem:

— Podoba ci się mój pokój?

— Tak, oczywiście — odpowiedział grzecznie.

Uczynił to jednak tak mechanicznie i bez entuzjazmu, że od razu zorientowałem się, iż nie jest zachwycony.

— Czego tu brak? — myślałem głośno.

— Tej jedynej, ukochanej zabawki. Takiej, z którą się nie rozstajesz i która jest cząstką ciebie samego, twojego domu, i twoich rodziców, i jakiejś miłej, przeszłej chwili.

Miał rację. Jak on się tego domyślił? Rzeczywiście, nie miałem ukochanej zabawki. Żadna nie była specjalnie ważna, żadnej nie wyróżniałem.

— A może teraz już będę miał przyjaciela? — spytałem proszącym głosem. Oddałbym wszystkie zabawki, skarby świata za jednego małego Ufusia — myślałem, czekając na jego odpowiedź.

— Zgadzasz się? — zapytałem ponownie.

Zamiast odpowiedzi zakręcił się na nóżce i zobaczyłem cztery radośnie uśmiechnięte buzie. Zrobiło się tak wesoło, że i ja, za jego przykładem, zacząłem podskakiwać i kręcić się w kółko. Ufuś wirował jak mały, zielony bączek, wyżej i wyżej.

Nagle do pokoju wpadła mama i zaczęły się pytania: Dlaczego się tak kręcisz w kółko? Będzie cię bolała głowa. Dlaczego jesteś taki czerwony? Czy ty czasem nie masz temperatury?

Mama zawsze zadawała tysiące pytań, na które nie oczekiwała odpowiedzi. Miały mnie ostrzegać przed niebezpieczeństwem i w ten sposób chronić. To zawsze mnie denerwowało i dlatego głośno wrzasnąłem:

— Czuję się bardzo dobrze!

Spojrzałem na mamę i zobaczyłem, że jest jej przykro. Dlatego dodałem pojednawczo:

— No dobrze, nie będę już więcej skakał, ale proszę, mamo, zostaw nas samych.

— Nas? — zdziwiła się mama.

— Tak — odpowiedziałem. — Mnie i Ufusia. Tak ciebie nazwałem — zwróciłem się do ufoludka.

— A co to za zabawka? — spytała mama.

— To wcale nie zabawka — powiedziałem głośniej niż zwykle, trochę zdenerwowany jej przedłużającą się obecnością. — On potrafi mówić i jest bardzo inteligentny, i będzie moim przyjacielem.

— Potrafi mówić? — powtórzyła mama.

— Oczywiście — potwierdziłem.

Wówczas mama wybiegła z pokoju. Odetchnąłem z ulgą i już miałem kontynuować rozmowę z Ufusiem, gdy do pokoju wróciła mama, ciągnąc za sobą tatę. Zdziwiłem się, że zdołała oderwać go od jego ulubionych zajęć — oglądania telewizji i czytania gazet. Stali w drzwiach i przyglądali mi się bardzo uważnie.

— On jest taki rozpalony. Pewnie ma gorączkę — mówiła płaczliwym głosem mama.

Ojciec postanowił wziąć sprawy w swoje ręce i oznajmił:

— Trzeba mu zmierzyć temperaturę.

— A gdzie jest termometr? — krzyknęła mama.

— Tam, gdzie go położyłaś — odrzekł tato uważając, że już dostatecznie pomógł mamie.

Teraz zwrócił się do mnie, pokazując na Ufusia.

— A ten skąd się tutaj wziął?

W tym momencie wróciła mama z termometrem w dłoni, wsunęła mi go pod pachę i zaczęła mnie tulić, powtarzając:

— Co ci jest, syneczku?

Tata podniósł z dywanu Ufusia, przyglądał mu się badawczo, po czym spytał:

— Gdzie go znalazłeś?

— Stał przed naszymi drzwiami — odpowiedziałem.

— Na pewno jakieś dziecko sąsiadów zgubiło tę zabawkę. Musimy popytać i oddać — oświadczył tato.

— Ależ nie — zaprotestowałem gwałtownie. — On jest żywy, on nie jest zabawką i jest moim przyjacielem.

Rodzice spojrzeli na siebie zdumieni.

— On jest naprawdę chory — rzekli zgodnym chórem.

Wtedy rozpłakałem się z żalu, że nikt mi nie wierzy.

— On nie jest zabawką, nie jest zabawką — powtarzałem.

Rodzice już ze mną nie rozmawiali. Tata podszedł do telefonu i wykręcił numer pogotowia ratunkowego. Mama gorączkowo poprawiała na mnie ubranie i sprawdzała temperaturę na termometrze.

Nagle poczułem ból głowy i dziwną ociężałość. Wziąłem ufoludka i schowałem do kieszeni w obawie, że ktoś mi go zabierze, ale nikt się już nim nie interesował. Po chwili usłyszałem dzwonek do drzwi i ulgę w głosie mamy, gdy mówiła:

— Jak dobrze, że pan przyjechał, doktorze. Nasz mały ma wysoką temperaturę — prawie 39 stopni Celsjusza.

Lekarz miał duże okulary na nosie, a w ręku ogromną walizę. Biały fartuch ledwie zapinał się na jego wielkim brzuszysku, po prostu pękał w szwach. Ręce miał duże, żywo nimi gestykulował, jakby chciał zobrazować to, o czym mówił. Najpierw obejrzał jamę ustną, potem dotykał mojego brzuszka, a na końcu osłuchał płuca. W trakcie badania opowiadał mi, dlaczego to robi. Wyjaśniał, że szuka przyczyny mojej choroby, tak jak detektyw szuka przestępców. Zainteresowało mnie to. Chciałem wiedzieć, co się zdarzyło w moim organizmie i dlaczego. Poczułem zaufanie do tego lekarza i pomyślałem, że on na pewno uwierzyłby, iż Ufuś nie jest zabawką. Nie było jednak czasu na rozmowę. Lekarz zwrócił się do mnie:

— Chciałbym cię zabrać do szpitala, ponieważ niezbędne są dalsze badania.

Po czym dodał:

— Jest to propozycja nie do odrzucenia. Musimy wykonać dodatkowe badania, by poznać przyczyny twojej choroby.

— A mogę zabrać Ufusia? — zapytałem.

— O to musisz spytać swojego przyjaciela, ale myślę, że cię nie opuści.

— Zgadzasz się, Ufusiu? — spytałem, a on ponownie dotknął mnie swoimi czułkami, dając w ten sposób znać, że pojedzie ze mną.

— No to jedziemy — powiedział lekarz.

— Czy my też możemy? — równocześnie spytali mama i tato.

— Oczywiście — odrzekł lekarz.

I tak, w piątkę, znaleźliśmy się w karetce: mama, tata, lekarz i ja z Ufusiem. W czasie jazdy myślałem o moim niezwykłym przyjacielu. Informacja, że będę badany, nie zrobiła na mnie wielkiego wrażenia. Zajechaliśmy pod szpital. Był to duży budynek, do którego weszliśmy przez drzwi otwierane na fotokomórkę. Wiedziałem, że zainstalowany jest tam mechanizm otwierający, ale miło było pomyśleć, że nas tam oczekują i zapraszają. Weszliśmy w pierwsze drzwi, do pomieszczenia, które nazywało się „Izba przyjęć". Za białym biurkiem siedziała pielęgniarka i z bardzo poważną miną wypełniała jakieś papiery.

— I co, doktorze? — spytała.

— Przywiozłem tego małego, dzielnego pacjenta, bo musimy zrobić badania. Podejrzewam nietypowe zapalenie wyrostka robaczkowego — wyjaśnił lekarz.

Po raz pierwszy usłyszałem diagnozę — nietypowe zapalenie wyrostka robaczkowego.

— A co to jest? — spytałem.

Pielęgniarka wstała od biurka, podeszła do mnie i powiedział:

— To jest taka zupełnie niepotrzebna końcówka jelita. O tu, w brzuszku — pokazała palcem to miejsce, lekko dotykając. — Jeżeli jest tam stan zapalny, to trzeba usunąć ten kawałek jelita.

— Usunąć?! — krzyknąłem wystraszony. — Jak to usunąć?

— Zwyczajnie — wzruszyła ramionami siostra.

— Chirurg przecina brzuszek i wycina to, co ropieje, i już pacjent jest zdrowy — mówiła bez emocji, po czym wróciła do swoich papierów, uważając widocznie, że mnie usatysfakcjonowała jej odpowiedź.

Ufuś poczuł moje zaniepokojenie. Poruszył się, jakby chciał mi dodać otuchy. Odwzajemniłem jego uścisk i spojrzałem na rodziców. Twarz mamy była biała jak papier, a usta niewyraźnie bełkotały, coś w rodzaju: „Maciuś... co... będzie...". Tato stał jak zamurowany, tylko jego szczęki poruszały się miarowo, jakby coś żuł. Znowu się zmartwiłem, że to ja jestem przyczyną tego, iż rodzice tak się zdenerwowali. Nie bardzo wiedziałem, na czym polega moja wina, ale zrobiło mi się przykro, więc zapłakałem. Zawtórowała mi mama, a tato zaczął pociągać nosem.

— No, dość tego mazania się — powiedziała pielęgniarka i groźnie spojrzała na rodziców.

— Ja rozumiem, że trzeba się wypłakać, kiedy jest smutno, nie można się wstydzić łez — mówił doktor. — Ale mały — tu wskazał na mnie — może wystraszyć się szpitala, zabiegu, podczas gdy właśnie teraz oczekujemy od niego współpracy, pomocy w leczeniu. Chciałbym, aby wiedział, iż nie jest sam, że tutaj wszyscy jesteśmy po to, by mu pomóc. Państwo swoim zachowaniem nie pomagacie mu.

Mama i tata spojrzeli na siebie, po czym mama zaczęła się usprawiedliwiać:

— Bo wie pan, doktorze — mówiła. — To jest nasz jedyny syneczek i bardzo boimy się o niego.

Pielęgniarka przerwała mamie i zwracając się do mnie, spytała:

— No co, decydujesz się na zostanie w szpitalu, by zrobić niezbędne badania?

Spodobało mi się to dorosłe traktowanie mojej osoby i dlatego nie zastanawiając się dłużej, odpowiedziałem:

— Tak.

— No to szybko powiedz rodzicom „Do zobaczenia" i idziemy.

Pomachałem ręką rodzicom i poszedłem za pielęgniarką. Przy drzwiach odwróciłem się i zobaczyłem, jak tato tuli mamę. Zrobiło mi się znowu bardzo smutno. Zatrzymałem się, chciałem wrócić do nich, ale w tym momencie poczułem uścisk czułków Ufusia. Dodało mi to odwagi. Energicznie uderzając stopami o podłogę, szedłem za pielęgniarką. Minęliśmy wiele drzwi i korytarzy. Nagle zatrzymaliśmy się przed salą. Nad wejściem był napis „Laboratorium analityczne". Pielęgniarka zwróciła się do mnie i powiedziała:

— Musisz mieć zbadaną krew. Pobierzemy ci krew z paluszka i z żyły, oddamy do analizy, a z otrzymanych informacji będziemy mogli wysnuć wniosek co do stanu twojego zdrowia i przyczyny nagłego zachorowania. Zaraz przedstawię cię paniom tu pracującym. Albo lepiej sam się przedstaw.

Wszedłem do pomieszczenia, w którym pełno było probówek, mikroskopów, dziwnych maszyn. Stanąłem na środku i rozglądałem się ciekawie. Po chwili podeszła do mnie uśmiechnięta pani i przedstawiła się:

— Jestem laborantką medyczną. Pobieram krew od pacjentów i ją badam. Wykonuję także analizę moczu i kału, gdy zachodzi taka potrzeba. W krwi znajdują się różne składniki, które w czasie choroby ulegają zmianom. Inaczej mówiąc, jednych składników jest za dużo, innych za mało. Wiedząc o tym, znamy stan zdrowia pacjenta i wiemy, jak mu pomóc, jakie leczenie należy zastosować. O, tutaj, proszę, spójrz przez mikroskop na kroplę krwi.

Podszedłem i ciekawie zerknąłem. Moim oczom ukazał się skomplikowany obraz, mozaika jak w kalejdoskopie.

— Widzisz te kuleczki? — spytała laborantka.

— To są białe ciałka krwi. Liczymy je i ich ilość mówi nam o odporności organizmu.

— A moją kropelkę też będzie pani tak badała? — spytałem z zainteresowaniem.

— Oczywiście — odpowiedziała.

Usiadłem na fotelu i wyciągnąłem paluszek. Nagle

poczułem ból o takiej sile, jak ukłucie komara. Laborantka pobierała krew przez cienką rurkę.

— A teraz krew z żyły — zakomenderowała.

Ufuś, który przez cały czas siedział w kieszonce, poruszył się niespokojnie.

— Nic się nie bój, bądź spokojny — szepnąłem. I rzeczywiście miałem rację. Ukłucie w żyłę było jeszcze mniej bolesne.

Po pobraniu krwi podziękowałem laborantce za pokazanie mi laboratorium i udzielone wyjaśnienia. Właśnie w tej chwili pielęgniarka ponownie ukazała się w drzwiach.

— I co, już po badaniu? — spytała.

— Tak. Bardzo mi się tutaj podobało i wcale się nie bałem.

— To teraz idziemy do rentgena — oznajmiła.

— A kto to jest ta pani rentgena? — spytałem.

— Rentgen — zaśmiała się pielęgniarka. — Rentgen — powtórzyła — to taki aparat, który potrafi robić zdjęcia, ale nie takie jak fotograf. Ten aparat sfotografuje twoje organy wewnętrzne.

— O, to ciekawe — ucieszyłem się, sięgając do kieszeni po Ufusia. — Będziemy mieli zdjęcie, takie specjalne, które pokaże, co jest w środku — mówiłem do niego, patrząc mu w jedną parę oczu.

Ufuś zaświecił oczami. Zobaczyłem zainteresowanie na jego twarzach. Poszliśmy. Sala rentgena była zaciemniona. Położono mnie na łóżku, które można było przesuwać.

— Czy ty też chcesz mieć takie zdjęcie? — spytałem Ufusia, a on zamiast odpowiedzi położył się obok mnie.

Do mojego ciała przystawiono wielki aparat, który wisiał na grubej, stalowej belce przytwierdzonej do sufitu i ściany.

— Czy ten aparat nie spadnie? — zaniepokoiłem się.

— Nie obawiaj się — odpowiedziała laborantka. — Jest bezpiecznie zamocowany. To badanie nie boli — wyjaśniała dalej. — Tak jak nie boli robienie zdjęć. A teraz nie oddychaj — poprosiła. — Wstrzymaj oddech.

Obaj z Ufusiem wykonaliśmy polecenia. Aparat zamruczał i już po chwili znalazłem się na korytarzu.

— A zdjęcie? — spytałem. — Chcę je zobaczyć.

— Oczywiście, że je zobaczysz — uspokajała mnie pielęgniarka. — Najpierw trzeba jednak wywołać te klisze, wysuszyć, a potem i lekarz, i ty będziecie je oglądali.

Wszystko, co działo się w szpitalu do tej pory, było bardzo ciekawe, więc zapytałem:

— Co teraz będziemy robili?

— Idziemy na ostatnie już badanie. To będzie USG. Za pomocą specjalnych fal, które wytwarza aparat — kontynuowała pielęgniarka, widząc moją zdumioną minę — lekarz będzie mógł zobaczyć wnętrze twojego brzuszka. Rentgen badał tylko niektóre organy, a za pomocą USG będzie można zobaczyć wszystko, co się w brzuszku znajduje, to znaczy jelita, wątrobę, trzustkę, żołądek. Zobaczysz to na takim ekranie, jaki jest w telewizorze.

— Zobaczę to? — spytałem, jakbym chciał potwierdzenia tego, co usłyszałam.

— Oczywiście — odparła pielęgniarka.

Nagle Ufuś odezwał się:

— A czy ja też mógłbym zobaczyć, co mam w środku?

— Co ty tak dziwnie mówisz? — zainteresowała się pielęgniarka sądząc, że to ja pytałem. Przyglądała mi się badawczo, po czym stwierdziła: — To ze stresu.

— Ależ nie — zaprotestowałem. — Jest tutaj ze mną Ufuś i...

Nagle straciłem ochotę, aby ją przekonać, że Ufuś jest żywym stworzeniem. Niektórzy tego nie rozumieją. Dorosłym wydaje się, że wszystko wiedzą, podczas gdy zapomnieli, że należy słuchać dzieci. Wciąż tylko tłumaczą, krzyczą, martwią się, ale nie potrafią naprawdę nas rozumieć.

Trzymając w ręce Ufusia, powiedziałem do niego:

— Sądzę, że lekarz się zgodzi, gdy go o to poprosimy.

Weszliśmy do bardzo małego pomieszczenia, w którym była kozetka, jedno krzesło i ekran jak w aparacie telewizyjnym. Pielęgniarka poprosiła mnie o odsłonięcie brzuszka, po czym posmarowała jakimś kremem. Poprosiłem, aby zrobiła to także Ufusiowi. Trochę zdziwiła się, słysząc moją prośbę, ale bez zadawania dodatkowych pytań spełniła moje życzenie. Po chwili do pokoju wszedł lekarz.

— O, mam nietypowego pacjenta — rzekł, widząc Ufusia ułożonego obok mnie. — Kto pierwszy chce być badany?

Spojrzałem na Ufusia. Był bladozielony.

— Ja chciałbym być pierwszy — odpowiedziałem szybko.

Zrobiłem to dlatego, że chciałem mu pokazać, iż się nie boję i że to nic nie boli. Ufuś zrozumiał moje intencje, bo cicho wyszeptał swoim matowym głosem:

— Dziękuję.

— To nic złego bać się — powiedział lekarz. — Najczęściej boimy się, gdy nie wiemy, co nas czeka. Ta aparatura za pomocą fal pokazuje obraz wnętrza ciała. Fale, które emituje ten aparat, są tak samo bezbolesne, jak fale powietrza czy fale radiowe, które też przecież nas dotykają. Zaraz na monitorze zobaczysz swoje wnętrze.

Lekarz przyłożył do brzuszka maleńką słuchawkę i zaczął nią wodzić. Na ekranie zaczęły pokazywać się obrazy, które lekarz mi objaśniał.

— Zobacz — mówił. — To jest jelito grube, a to cienkie, tu są wchłaniane strawione pokarmy, a tu jest twój chory wyrostek, który trzeba będzie usunąć.

Rzeczywiście, wyrostek nie wyglądał dobrze.

— Tak, trzeba będzie go usunąć — powtórzyłem za lekarzem całkowicie przekonany.

— A teraz ty — wskazał palcem na Ufusia. Przyłożył delikatnie aparat do walcowatego brzuszka i naszym oczom ukazał się skomplikowany system połączeń, przewodów, przewodników i półprzewodników, jak w odbiorniku telewizyjnym.

— O! — zdziwił się lekarz. — Cóż to za skomplikowana zabawka. Nie wiedziałem, że takie cudeńka produkują.

— To nie jest zabawka. To mój przyjaciel Ufuś, którego właśnie dzisiaj spotkałem i który zgodził się towarzyszyć mi w szpitalu.

— OK — powiedział lekarz. — OK — powtórzył, jakby chcąc ukryć zdziwienie. — Siostro — przywołał pielęgniarkę. — Proszę zaprowadzić pacjentów na salę.

— Pacjentów? — spytała.

— Tak, tego chłopca i jego przyjaciela Ufusia. Do zobaczenia — rzekł, zwracając się do mnie.

— Dziękuję — powiedziałem i pomaszerowałem z pielęgniarką na salę.

— Niestety, musisz pozostać w szpitalu. Twój wyrostek musi być usunięty — mówiła, prowadząc mnie.

— Jak długo tutaj zostanę?

— Prawdopodobnie cztery lub pięć dni — odpowiedziała. — Ale nie martw się. Na sali będą również inne dzieci, będziesz miał nowych kolegów.

— Mogę być sam — bo tak naprawdę to ja tutaj jestem z moim przyjacielem Ufusiem. O, proszę zobaczyć — wyciągnąłem z kieszonki ufoludka.

— Jaka śliczna zabawka — powiedziała pielęgniarka.

— To nie jest zabawka — odparłem z lekkim oburzeniem. Spojrzałem na Ufusia i zauważyłem wówczas, że on w obecności innych osób zastygał w bezruchu, nie reagował. Zrozumiałem, że nie chce wzbudzać sensacji, że chce być tylko ze mną. Nie dyskutowałem więcej z pielęgniarką. Schowałem Ufusia z powrotem do kieszonki.

Wszedłem do sali. Był to duży pokój z dwoma oknami i czterema łóżkami. Jedno łóżko, stojące pod oknem, było wolne. Właśnie to wskazała mi pielęgniarka, po czym usiadła na nim obok mnie i powiedziała:

— Chciałabym porozmawiać z tobą o jutrzejszej operacji. Proszę, pytaj. Chcę, byś wiedział, co się będzie z tobą jutro działo. Rano dostaniesz lekarstwa i będziesz po nich troszkę senny, później pójdziemy na salę operacyjną i tam ponownie dostaniesz lekarstwa, po których zaśniesz i nie będziesz odczuwał żadnych dolegliwości w trakcie operacji. Ale to będzie inny sen. Nie ten, który tak dobrze znasz. To będzie stan twego ciała podobny do snu, wywołany specjalnym lekarstwem, które spowoduje, że nie będziesz odczuwał żadnego bólu i obudzisz się dopiero po operacji. Chirurg natnie kawałek skóry na brzuszku i wytnie chory odcinek jelita, potem rankę zaszyje. Po operacji przewieziemy cię z powrotem do tej sali i tutaj się obudzisz. Będziesz szybko wracał do zdrowia, by jak najszybciej wrócić do domu. Pamiętaj, po operacji nie wolno ci nic jeść ani pić tak długo, aż ci na to pozwolę. To bardzo ważne. Rana, tam w brzuszku, musi się zagoić, zanim z powrotem jelito będzie mogło trawić i wchłaniać pokarmy. Proszę, byś stosował się do zaleceń, a ja wszystko będę starała się ci wytłumaczyć.

— Dobrze — odrzekłem. — A na pewno nie będzie bolało? — upewniałem się.

— Na pewno — potwierdziła. — Po zabiegu też dostaniesz leki przeciwbólowe. O, tutaj jest taki sznureczek. Proszę, pociągnij go, gdy będziesz chciał, bym przyszła, a ja usłyszę dzwonek i zaraz postaram się przyjść do ciebie. Czy chcesz, abym jeszcze z tobą posiedziała? — spytała.

— Nie — odpowiedziałem. — Proszę iść do innych dzieci, ja mam przecież swojego Ufusia.

— Aha, tego ufoludka.

— Tak — potwierdziłem.

Odchodząc spytała:

— Czy boisz się troszkę zabiegu?

— Po pani wyjaśnieniach nie — odrzekłem.

— Brawo — powiedziała. — Jaki ty jesteś dorosły.

— Wie pani, to Ufuś mi pomaga przez swoją obecność.

— Śpij już — powiedziała i pogłaskała mnie po głowie.

Zasnąłem.

Gdy się obudziłem, było już ciemno, tylko jakaś zagubiona gwiazdka zaglądała do okien. Koledzy z sali spali. Byliśmy więc sami, tylko ja i Ufuś. „Teraz jest właśnie pora na rozmowę, na poznanie się" — pomyślałem. Leżał na poduszce, na wysokości mojej twarzy. Gdy zobaczył, że nie śpię, zaiskrzyły mu się oczy. Poruszył radośnie kończynami.

— Opowiedz mi coś o sobie — poprosiłem.

— Mieszkam daleko stąd, bardzo daleko. Właściwie nie jest to ważne jak daleko, ponieważ przenoszę się z miejsca na miejsce tak szybko, jak biegnie moja myśl. Potrafię też przenikać różne światy.

Zauważył moje zdziwienie, więc rzekł:

— Zaraz ci to wyjaśnię. Mogę być z tobą teraz tutaj, ale także mogę być z tobą, gdy śpisz; mogę przeniknąć do twojego snu. Mogę też przeniknąć do środka ziemi, na księżyc, wszędzie.

— Jak to jest możliwe? — zapytałem. — Czy ty nie żartujesz sobie ze mnie?

— Ależ nie — zapewniał mnie. — Ja potrafię rozpraszać się i skupiać w sobie.

W tej chwili Ufuś zaczął stawać się coraz bardziej rozproszonym i przezroczystym wielkim stworkiem. Chwilę później kurczył się w sobie, jego ciałko zmieniło kolor na ciemnozielony, a on zmniejszał się i zmniejszał.

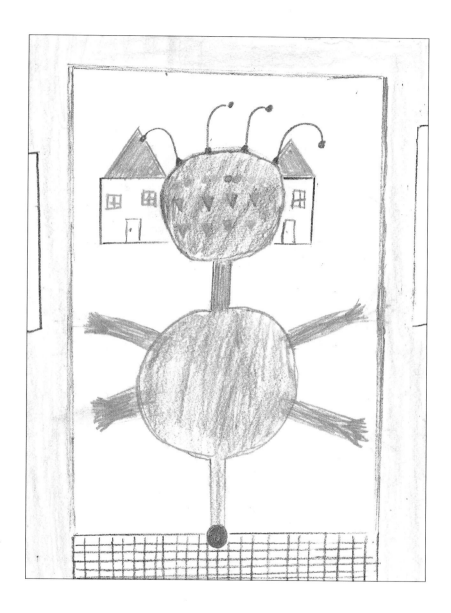

Magda, lat 11

— Stop! — krzyknąłem wystraszony, że za moment rzeczywiście zniknie mi z oczu.

— Nie bój się, wrócę do siebie — uspokajał mnie Ufuś.

— A jak ty to robisz? — spytałem.

— Zmieniam się pod wpływem moich myśli. Ty też masz taką umiejętność, ale nie tak rozwiniętą jak u mnie.

— Ja też mogę się zmienić pod wpływem myśli?

— Oczywiście. Jeśli oczekujesz niespodzianki, to jesteś inny niż wtedy, gdy się boisz lub jesteś smutny.

— A, to tak — powiedziałem rozczarowany. — Ja bym chciał tak jak ty...

— Jesteś inaczej zbudowany, masz inne możliwości.

— A czy na twojej planecie mówią moim językiem? — spytałem.

— Ja nie muszę uczyć się języka. Czuję informacje, a potem rozumiem i staram się mówić twoim sposobem myślenia. Mogę rozmawiać ze zwierzętami, roślinami, rozumieć i mówić ich językiem.

— To bardzo trudne — odrzekłem.

— Przeciwnie, bardzo proste. Trzeba poczuć, co ludzie czują, tylko że wtedy musisz ich słuchać, obserwować i starać się czuć to samo. Wówczas będziecie mówili tymi samymi językami.

Było to bardzo skomplikowane, więc zapytałem o zwykłe sprawy.

— Czy w twoim świecie poniedziałek jest poniedziałkiem?

— Ja nie jestem mieszkańcem innej planety. Ja jestem mieszkańcem świata, także twojego. Zawsze znajdziesz mnie w swojej pamięci. I dlatego poniedziałek to jest dla mnie też poniedziałek.

— A czy ty także musisz iść do szpitala?

— Tak. Zawsze idę do szpitala z moimi przyjaciółmi i oni też idą ze mną.

— A masz mamę? Bo... bo ja za swoją troszeczkę tęsknię.

— Wszyscy mają mamy, ufoludki też i również za nimi tęsknią. Wiesz co? Teraz troszeczkę pomarzymy sobie o swoich kochanych mamach, tatach, o swoim łóżeczku i kochanej poduszeczce.

Tak, on miał rację. To było bardzo miło odkrywać na nowo uśmiech mamy i miłą bliskość taty, i nawet moje zwykłe łóżeczko teraz wydawało mi się wspaniałe jak łoże królewskie.

Nagle Ufuś przerwał moje wspomnienia i zaproponował:

— Prześpijmy się. Jutro czeka cię operacja. Chciałbym, byś był w dobrej kondycji.

— A będziesz ze mną w moich snach? — spytałem.

— Jeśli tego chcesz, to oczywiście zgadzam się. Zabiorę cię do mojej krainy. Śpij.

Zasnąłem. Poczułem, że unoszę się w powietrzu kołysany przez delikatny wiaterek. Otwarłem oczy i zobaczyłem kolorową tęczę, która odbijała się w toni zielononiebieskiego morza. W dali widnokrąg, jak zakrzywiona linia, odcinał morze od lądu. Ciało moje bezwładne płynęło w powietrzu. Bez wysiłku unosiłem się nad morzem, chłonąc jego piękno. Niedaleko mnie znajdował się Ufuś i podobnie jak ja płynął w powietrzu. „Rzeczywiście, on potrafi być wszędzie, także w moim śnie" — pomyślałem.

— Gdzie jest twoja kraina? — spytałem.

— Właśnie tam — rzekł Ufuś i wskazał miejsce, gdzie morze stykało się z niebem.

— Ależ to niemożliwe! — krzyknąłem. — Tam jest widnokrąg.

Poczułem się dumny, że znam takie trudne słowo i dlatego powtórzyłem:

— To jest widnokrąg.

Ufuś już nie odpowiedział. Płynął w powietrzu, lekko poruszając swoimi czterema kończynami. Zrobiłem to samo i powoli zbliżyliśmy się do miejsca, gdzie ziemia stykała się z morzem, tworząc czarny pas.

— Teraz troszkę zaboli, ale musisz uderzyć w tę ciemną barierę, przebić się przez nią. To tylko zagęszczona mieszanina trzech składników: ziemi, morza, powietrza. Uważaj!

Uderzyłem lekko głową i nagle znalazłem się w innym świecie. Wszystko tu mieniło się kolorami tęczy, jak światła w dyskotece. Zewsząd otaczały nas cudowne dźwięki i zapachy. Znieruchomiałem z wrażenia. Po chwili, gdy już troszkę przyzwyczaiłem się do tego intensywnego piękna, zauważyłem, że nie ma tu ludzi, roślin, zwierząt, domów; tego wszystkiego, co tak dobrze znałem. Ufuś, który czytał moje myśli, wyjaśnił:

— To jest tworzywo, z tego możemy robić wszystko, o czym tylko zamarzysz.

I rzeczywiście, jakby z różnokolorowej mgły wyłoniła się mama i tatuś, i mój pokój. Poczułem, że to oni. Niestety, nie mogłem z nimi rozmawiać. Byli jak przywołany wspomnieniem obraz; naturalny, ale niemy. Ufuś mówił:

— Tutaj można stworzyć wszystko, o czym tylko zamarzysz. To jest właśnie moja kraina.

Był bardzo zadowolony.

— Podoba ci się? — zapytał.

— Tak — powiedziałem niepewnie. Nie chciałem mu robić przykrości, ale bardziej kochałem mój prawdziwy dom, nie tak kolorowy i piękny, jak ten wymyślony na jego podobieństwo.

— Chodź, teraz pójdziemy do marzeń twojego kolegi, który leży na łóżku obok ciebie.

Opuściliśmy mój wymarzony dom, który wolno rozpłynął się w powietrzu. Gdy po chwili odwróciłem głowę, już nie zobaczyłem znanych mi miejsc i osób. Zbliżaliśmy się teraz do podwórka starej kamienicy. Przy trzepaku siedziały dzieci i patrzyły z podziwem, jak mały chłopiec odbija piłkę.

Ten może dwunastoletni chłopiec bawił się piłką, która jak zaczarowana krążyła wokół niego. Zataczała większe i mniejsze koła i jak namagnesowana zawsze wracała do niego. Nagle otwarło się okno, przez które wyjrzała młoda kobieta i w tym momencie chłopiec pobiegł do domu, przeskakując w pośpiechu po trzy stopnie.

— Czy teraz chcesz zobaczyć marzenia następnego kolegi z sali? — spytał Ufuś.

— Nie wiem — odpowiedziałem. — Czy ja ich troszkę nie podglądam?

— Ależ nie, ty poznajesz moją krainę.

Nagle znaleźliśmy się w ogródku, gdzie między grządkami biegał siedmioletni chłopiec. Nie reagował na przywoływanie babci, machał ręką ze zniecierpliwieniem i dalej, jak samolot, krążył między grządkami. Naraz przewrócił się i już po chwili był w kochających ramionach babci.

Poszliśmy dalej i znaleźliśmy się w szkole, gdzie nauczycielka odczytywała oceny z klasówki. Wszystkie oczy były w nią wpatrzone. Dzieci obgryzały paznokcie ze zdenerwowania, niespokojnie ruszały nóżkami pod ławkami. Jeden z uczniów otrzymał pracę klasową. Zajrzałem mu przez ramię i zobaczyłem, że dostał czwórkę. Chłopiec uśmiechnął się zadowolony. Spojrzałem na jego twarz — to byłem ja. Ufuś wyjaśnił:

— To jest właśnie moja kraina. Tutaj gromadzą się wszystkie wasze marzenia, projekty, oczekiwania. Co jeszcze chciałbyś zobaczyć? — spytał.

— Och, chciałbym już wrócić do mojego domu, prawdziwego domu — poprosiłem.

— W takim razie wracamy — zadecydował Ufuś. Płynęliśmy w powietrzu bardzo szybko.

— Uważaj! — krzyknął Ufuś, gdy zbliżaliśmy się do bariery. Troszkę zabolało. Otworzyłem oczy. Obudziłem się w sali.

— No, już po wszystkim — rzekł chirurg. — Mamy tę operację za sobą. Twój wyrostek był naprawdę bardzo brzydki. No, a teraz szybko wracaj do zdrowia.

Po chwili znowu zasnąłem. I tak jak poprzednio unosiłem się nad morzem, potem z Ufusiem płynęliśmy w powietrzu nad lasami, polami, miastami...

Kiedy powtórnie się obudziłem, przy łóżku siedziała mama i trzymała mnie za rękę.

— Proszę, nie ruszaj się — mówiła. — Masz małą rankę na brzuszku, która musi się zagoić.

Zapomniałem o Ufusiu. Chciałem być tylko blisko mamy. On jednak o mnie nie zapomniał. Zjawił się w nocy. Powiedział do mnie:

— Za kilka dni wyjdziesz ze szpitala. Już dobrze się czujesz — stwierdził, patrząc na mnie. — Jutro możesz grać z kolegami w warcaby.

— A ty? — spytałem.

— Ja zostaję w szpitalu. Chcę być z dziećmi, które czują się zagubione, boją się, tęsknią. Chcę im pomóc.

— Nie wrócisz ze mną? — spytałem zawiedziony.

— Chyba to rozumiesz — odparł i zniknął tak nagle, jak się pojawił.

Może wy tutaj w szpitalu spotkacie Ufusia i zaprzyjaźnicie się z nim? Czekajcie, na pewno do was przyjdzie. Przyjdzie do was z krainy marzeń.

Księżycowy domek

Bardzo daleko stąd znajduje się Kraina Bajek. Tuż za nią rozciąga się Kraina Marzeń, jeszcze dalej jest Kraina Snu, a na jej krańcach rozpoczyna się Kraina Wieczności.

W Krainie Bajek są miasta i wsie, jeziora, rzeki, lasy i góry. Mieszkają tam dziwaczne stworki, zwierzęta i oczywiście zabawki. W Krainie tej można przeżyć niezwykłe przygody, a także doświadczyć małych i dużych radości oraz smutków. W dzieciństwie często odwiedzamy tę Krainę i przyjaźnimy się z jej mieszkańcami. Później, gdy już dorastamy, coraz rzadziej tam się wybieramy, aż w końcu zapominamy drogę, która do niej prowadzi i nie potrafimy już jej odnaleźć. Ale ty, młody czytelniku, znasz drogę do Krainy Bajek, prawda? Podaj zatem rękę i ruszamy...

O, to już tutaj. Na skraju wsi, tuż za lasem, obok małego stawu stoi chata, bardzo stara i zniszczona. Wygląda tak, jakby nikt się o nią nie troszczył. Dach pokryty jest zniszczoną dachówką, która jak sito przepuszcza deszcz do środka. Na ścianach widoczne są zacieki, z okiennych ram poodpadała farba. Drzwi się nie domykają i przy każdym podmuchu wiatru przeraźliwie skrzypią.

W takim to zaniedbanym domku mieszkają Burza, Wicher oraz mała Tęcza, Chmurek i Mgiełka. Ich mieszkanie składa się z dwóch pokoi i kuchni. Jeden pokój zajmują Tęcza, Chmurek i Mgiełka, a w drugim jest sypialnia Burzy i Wichury. Tęcza, najstarsza z młodych, zajęła miejsce przy oknie. Wszystkimi kolorami pomalowała łóżeczko i stojącą obok półeczkę, na której leżą jej skarby: muszla, która pięknie szumi, kamienie o dziwnych barwach i kształtach, a także zatopiony w bursztynie mały motylek. Tęcza ma długie, zawsze rozpuszczone włosy, które mienią się wszystkimi kolorami. Jest bardzo zapracowana. Pomaga Burzy. Rzadko wychodzi pobiegać po niebie, ale kiedy już tam się pojawi i potrząśnie głową, to jej włosy układają się pasmami barw. Ludzie wówczas zadzierają głowy i mówią: Patrzcie, jak pięknie, tęcza na niebie!

Chmurek ma swój kącik w pokoju, koło drzwi, tam, gdzie zawsze panuje półmrok. Na łóżku oraz pod nim leżą w wielkim nieładzie jego książki i zeszyty. Na poręczy łóżka porozwieszane są ubrania. Bałagan jest tu okropny, ale Chmurkowi wcale to nie przeszkadza. Zresztą on rzadko przebywa w domu. Całymi dniami w gronie kolegów biega po niebie. To się popychają, to znów gonią jeden drugiego, by potem razem wolno i leniwie przepływać z jednego krańca nieba na drugi.

W kąciku pokoju, po przeciwległej stronie, ma swoje łóżeczko Mgiełka. Jest to bledziutka istotka o włosach i skórze tak jasnych, jakby była ulepiona z zagęszczonego powietrza. Ulubionym miejscem Mgiełki jest łóżeczko. Wchodzi pod kołdrę jak do namiotu i tam ukryta przed wszystkimi czyta godzinami, a potem marzy. Znika wtedy biedny domek, nie ma już odrapanych okien i drzwi oraz plam na ścianach. Jest za to piękny pałac i łoże z baldachimem, cichutko gra muzyka, a ona — Mgiełka — jest najpiękniejszą królewną w tym wymarzonym świecie.

Na środku pokoju, który zajmują Tęcza, Chmurek i Mgiełka, stoi duży stół. Nad nim zwiesza się lampa i rozsiewa dookoła skąpe światło. Kuchnia w tym domu jest duża i często pachnie świeżymi bułeczkami, które piecze Burza. Stół stoi pod ścianą, a obok ustawione są małe krzesełka. Po przeciwległej stronie znajduje się wielki kredens, na którym równo poustawiano kubeczki, talerze i miseczki.

Zbliżał się wieczór. Księżyc rozpoczął swą wędrówkę po niebie i razem z gwiazdkami zaglądał przyjaźnie przez okna do mieszkań. W tym właśnie momencie Wicher wrócił do domu. Szarpnął drzwi, które z hukiem się otwarły, zawirował i wpadł do kuchni. Zakręcił się na jednej nodze i z niezwykłą siłą postrącał talerze, miski i kubeczki. Wszystko się potłukło, ale on nie zwracając na to uwagi, zawiewał jeszcze silniej. Dookoła rozlegał się groźny pomruk, trzeszczały w zawiasach drzwi i okna. Wicher zataczał się, upadał na podłogę, lecz za chwilę podnosił się i znowu wszystko strącał. Jakby mu było mało tego, co zrobił w kuchni, wpadł zaraz do pokoju. Tęcza ze strachu przykleiła się do ściany i udawała, że jej nie ma. Tylko przerażone oczy i głośne jak dzwon uderzenia serduszka wskazywały, jak bardzo się boi. Chmurek przeciwnie; zakipiał z gniewu, zrobił się cały granatowy ze złości i usiłował go zatrzymać, chwytając za poły płaszcza. Rozwścieczony wicher pochwycił Chmurka, rzucił jak piłką w górę i w dół, uderzając go boleśnie o podłogę, a potem przycisnął go do łóżeczka. Gdy zmęczony na chwilę opadł z sił, wówczas Chmurek wyrwał mu się i uciekł przez okno. Dołączył do innych ciemnych chmur, co to tylko nocą wychodzą na niebo. Wicher spostrzegł, że Chmurek mu się wymknął. Wściekły, z jeszcze większą furią rzucił się na Mgiełkę. A ona, by się obronić, otoczyła się welonem gęstej mgły. Wicher jak ślepiec macał wszystko swoimi rękami, wirując po całym pokoju. W końcu złapał Mgiełkę i zaczął nią potrząsać. Wtedy zapłakała, bezradnie żaląc się na swój los. Nie wiadomo, jak by się to skończyło, gdyby nie wkroczyła Burza. Była wielka i gruba. Nie zlękła się Wichru. Zaczęła miotać piorunami. Pojawiły się błyskawice, rozległ się potężny huk grzmotów. Wicher mocował się z Burzą, wirował wokół niej, a potem to z góry, to z dołu zadawał ciosy, szarpał ją za włosy i ubranie. Burza dzielnie walczyła, używając bardzo celnie swej broni. Wicher z wolna tracił siłę. Jeszcze dmuchał ze złością, jeszcze uderzał w okna, ale coraz słabiej i słabiej, aż w końcu ucichł zupełnie. Wtedy Burza otwarła drzwi do drugiego pokoju i go tam wepchnęła. Upadł na łóżko i zasnął. Po chwili zza ściany dochodziło miarowe chrapanie. Znak, że Wicher już nikomu nie zagraża. Burza usiadła na łóżeczku Tęczy, i łzy jak krople deszczu zaczęły miarowo spadać na podłogę. Tęcza zeszła ze ściany, podeszła do Burzy i objęła ją. Chmurek zaglądnął przez okno, jakby chciał się przekonać, czy niebezpieczeństwo już minęło. Zauważyła go Tęcza, podbiegła do okna i powiedziała:

— Chodź do nas. On już śpi.

Chmurek jednak pokręcił przecząco głową i ponownie przyłączył się do innych chmur, nocą kręcących się po niebie. Mgiełka schowała się pod kołdrę, a Burza ciągle płakała wielkimi, deszczowymi łzami. Tęcza zapragnęła, by smutek jak najszybciej minął, i dlatego powiedziała:

— Musimy brać się do pracy. Wszystko trzeba posprzątać, uprać i pocerować zniszczone ubranie Wichru. Jutro zaświeci słońce i wszyscy zobaczą jego podarty i zabrudzony płaszcz. Tak, musimy się brać do pracy.

— No dobrze — odrzekła Burza zmęczonym głosem. — A ty — spytała Mgiełkę — czy pomożesz?

— Ja, ja... — jąkając się, powiedziała Mgiełka. — Chciałabym wiedzieć, czy zostałam tutaj podrzucona przez złą czarownicę?

— Co za bzdury pleciesz! — z gniewem stwierdziła Burza, i dając do zrozumienia, że nie zamierza kontynuować niemądrej rozmowy, wyszła z pokoju.

Tęcza pojęła, że maleńka Mgiełka nie chce mieszkać z Wichrem, że się go boi. Ona czuła to samo, ale bała się nie tylko rozmawiać o tym, lecz także myśleć. Wybiegła więc do kuchni. Ile tutaj było zniszczeń, wszystko tak okropnie potłuczone i porozrzucane! Chwyciła za miotłę i zaczęła zamiatać. Burza ustawiała na kredensie nieliczne całe naczynia. Co chwilę przerywała pracę i wyglądała przez okno, wypatrując Chmurka, ale nigdzie go nie było widać.

Nagle ktoś delikatnie zapukał do drzwi.

— Kto tam? — niechętnie spytała Burza. Jej głos i mina mówiły, że nie jest zadowolona z tych późnych odwiedzin.

— To ja, Księżyc.

— Proszę — powiedziała, otwierając drzwi. — Sprzątamy, bo... — urwała, nie wiedząc, co powiedzieć.

Po chwili dodała:

— Wicher jest chory, a Chmurek jeszcze nie wrócił. On to tak zawsze. Sprawia same kłopoty. Już nie wiem, jak powinnam z nim postępować.

— Wiem, wiem wszystko — powiedział Księżyc.

— Właśnie w tej sprawie przyszedłem.

To mówiąc, usiadł na krześle. Był bardzo stary i chudy jak rogalik.

— Tak, tak — odezwała się Burza. — Martwię się Chmurkiem, bo całe wieczory spędza z bandą czarnych chmur, które rozrabiają, zaczepiają, wszczynają bijatyki. Ucieka z domu, jest niegrzeczny, bo złości się na Wichra. Chciałby, żeby było inaczej, a każdego dnia Wicher wyrządza mu krzywdę. Złości się, że ma takiego opiekuna. Wstydzi się i gniew kieruje na niego, potem na innych, a także na siebie.

— Najpierw musimy pomyśleć, co zrobić, by Wicher was dłużej nie dręczył — oznajmił Księżyc.

— On wszystko rozumie — pomyślała Tęcza.

— Co ja biedna mogę zrobić? — załamując ręce, lamentowała Burza.

I znowu krople deszczu zaczęły jej spływać po twarzy.

— Daleko stąd mam piękny, mały domek. Mogę wam go dać na rok. Wicher nie dowie się, gdzie mieszkacie — mówił Księżyc. — Nie będzie was nachodził. Zostanie tutaj sam tak długo, aż się nie zmieni. Co myślicie o tej propozycji?

Burza spojrzała na Mgiełkę i Tęczę, a po chwili zastanowienia powiedziała:

— Musimy się szybko wyprowadzić. Wicher teraz śpi, więc nie będzie nam przeszkadzał. Powiedz nam coś o tym domku — poprosiła.

Księżyc stwierdził tajemniczo:

— Mam nadzieję, że będzie to domek waszych marzeń i każdy znajdzie tam dla siebie swoje miejsce. Ale pamiętajcie, daję wam go na rok. Przez ten czas musicie odnaleźć klucz. Jeśli go znajdziecie, domek będzie już na zawsze wasz. Jeśli nie, po roku czeka was przeprowadzka.

— Klucz? Jaki klucz? — dopytywała się zaciekawiona Tęcza.

— Nic więcej nie mogę powiedzieć — dodał Księżyc.

— Jeśli chcemy skorzystać z propozycji Księżyca — odezwała się Burza — to musimy spakować najpotrzebniejsze rzeczy i szybko się wyprowadzić.

— A Chmurek? — spytała Tęcza. — Ja go poszukam.

To mówiąc, wymknęła się przez uchylone okno. Nie musiała daleko szukać. Siedział skulony przy kominie. Był cały czarny z gniewu, pięści miał mocno zaciśnięte.

— Chmurek, Chmurek! — zawołała Tęcza. — Wracaj do domu. Zaraz stąd wyjeżdżamy!

On jednak nie poruszył się, zupełnie jakby nie słyszał.

— Chmurek! — powtórzyła głośniej. — Chodź do domu.

Ale i teraz nie odpowiedział. Podeszła bliżej, chwyciła go za ramię.

— Wyjeżdżamy stąd.

— Nigdzie nie jadę. Ja tu zostaję. Mam swoich kolegów. Nie chcę z tobą rozmawiać — mówił naburmuszony.

— Dlaczego się na mnie gniewasz? — spytała Tęcza. — Przecież ja ci nie wyrządziłam żadnej krzywdy. A koledzy odwiedzą cię w naszym nowym domu.

— Ja nikogo nie lubię — odparł Chmurek.

— Rozumiem — powiedziała Tęcza. — Kiedy jesteś zły na Wichra, obrażasz się na wszystkich.

Chmurek podniósł oczy na Tęczę. Był zdziwiony, że jest taka mądra. Tak właśnie było. Był na wszystkich obrażony, choć krzywdę wyrządził mu tylko Wicher. Jaki ja jestem nierozsądny — pomyślał.

— No dobrze — powiedział, ociągając się. — Już idę.

Wrócili do mieszkania. Trwały tam przygotowania do przeprowadzki. Burza pakowała garnki i talerze, Mgiełka trzymała swoją kołdrę w rączkach, gryząc nerwowo jej koniuszek.

— Jak dobrze, że już jesteście — powiedział Księżyc, widząc Tęczę i Chmurka. — Pora ruszać. Idę sprowadzić — tu spojrzał na pakunki Burzy — Mały Wóz. Gwiazdki was zawiozą na miejsce.

Otworzył szeroko okno, wyszedł na dach i przywołał najbliższą gwiazdę. Już po chwili Mały Wóz czekał na nich na dachu budynku. Tęcza i Chmurek pozabierali tylko swe najcenniejsze skarby i dołączyli do innych czekających na dachu. Mały Wóz był osobową furgonetką.

— To miniciężarówka — objaśnił Chmurek. — A kto powiadomi moich kolegów o zmianie adresu?

— Ja to zrobię — uspokoił go Księżyc. — No, to ruszamy!

Jechali bardzo szybko. Księżyc nie tylko oświetlał drogę, lecz także kierował pojazdem. Ze wszystkich stron migotały gwiazdki, jakby pozdrawiały podróżnych. Jechali dość długo. Zaczęło się przejaśniać. Gwiazdy bladły, ziewały i z wolna jedna po drugiej zasypiały. Nagle hamulce zgrzytnęły i Wóz się zatrzymał.

— Oto jesteśmy — radośnie oznajmił Księżyc.

— Zdążyliśmy przed wschodem słońca. To jest wasz dom. Możecie w nim mieszkać przez rok, a jeśli znajdziecie klucz, to domek na zawsze już będzie waszą własnością. A teraz — pa. Muszę udać się do moich gwiazdek i uśpić te, które jeszcze nie zasnęły.

Pomachał im na pożegnanie i już po chwili Mały Wóz rozpłynął się w błękicie porannego nieba.

— Pomyślałabym, że to sen, gdyby nie to, że naprawdę stoimy przed naszym nowym domem — odezwała się Tęcza.

— Tak, tak — potwierdziła Burza.

Zaczęli się niepewnie rozglądać. Domek był niewielki, położony w samym środku wsi, pośród innych, takich samych. Otaczał go był mały ogródek, w którym kwitły kwiaty. Okna w tym domu miały kształt serduszek, a ściany pomalowane były w słoneczka.

— Jak tu cudownie — szepnęła Tęcza.

Weszli do środka. Domek składał się z dwóch pokoików i kuchni, lecz jakże inaczej tu było niż w ich poprzednim mieszkaniu! Wszystko było nowe i bajecznie kolorowe.

Od początku poczuli się tutaj tak dobrze, że już

następnego dnia nie pamiętali, iż kiedyś mieszkali z Wichrem, który wszystko niszczył. Mijały szczęśliwe dni. Tęcza codziennie wychodziła na niebo i z włosów układała kolorowe smugi, Mgiełka rano i wieczorem jak puchem przykrywała kwiaty rosnące na łąkach i polach, by je nasycić wodą, a Chmurek już nie był tym czarnym, zagniewanym na wszystkich obłokiem, lecz troszczył się o każdą roślinkę wydobywającą główkę z ziemi i dlatego czasem zakrywał słoneczko, gdy zbyt mocno przygrzewało. Sprowadzał też deszcz, by rośliny napoić. Burza również była spokojniejsza. Godziła zwaśnione chmury, rzadko używała błyskawic, nieraz sam huk grzmotu wystarczał. Wicher ich nie odwiedzał, więc żyli sobie szczęśliwie. Jedyną myślą, jaka budziła niepokój, było to, co się stanie, gdy minie rok. Co prawda szukali klucza, ale nigdzie nie mogli go odnaleźć. Pewnego dnia Burza oświadczyła:

— Kochani, został nam już tylko tydzień. — Po czym westchnęła ciężko.

— Musimy szukać jeszcze dokładniej — powiedziała Tęcza. — On przecież gdzieś tutaj musi być!

— Ale gdzie? — rozkładając bezradnie ręce powiedziała Mgiełka.

— Ja go muszę odnaleźć — powiedział stanowczo Chmurek.

Nazajutrz ponownie zaglądali pod każdy kamyczek, pod każdy krzaczek wokół domu, a potem szukali klucza po całej wsi. Nigdzie go nie było. Burza, Tęcza i Mgiełka smutne wróciły do domu. Chmurek nie rezygnował. Szukał dalej. Słońce wolno chowało się za horyzontem — nieomylny znak, że dzień

Ola Zborowska, lat 7

się kończy. W tym właśnie momencie Chmurek zauważył niedaleko sklepu, w samym środku wsi, psa przywiązanego do płotu. Pies był niespokojny, gryzł nerwowo krótką smycz, która ograniczała jego ruchy.

— Dlaczego on jest taki niespokojny? — zapytał Chmurek Cienia, który stał przed sklepem.

— On tu już tak się męczy wiele godzin. Chyba ktoś go porzucił.

Chmurkowi zrobiło się psinki bardzo żal. Podszedł i odwiązał smycz. Piesek z wdzięczności polizał go po twarzy. Chmurek teraz dopiero uważniej mu się przyjrzał. Pies był dość dużym kundlem. Sierść miał krótką i czarną. Patrzył błagalnym wzrokiem, który zdawał się mówić: Nie zostawiaj mnie, będę twoim przyjacielem.

— Tak — powiedział do siebie Chmurek. — Zabieram cię do domu. Dostaniesz jeść, a potem zobaczymy.

To mówiąc, pogłaskał go. Odchodząc, zwrócił się do Cienia:

— Gdyby ktoś go szukał, to proszę powiedzieć...

— Ależ właściciel się nie znajdzie. Przecież on psa porzucił — przerwał Cień.

Chmurek z psem, jak starzy przyjaciele, pobiegli do domu.

— Mamy psa, mamy psa! — krzyczał podniecony Chmurek do Burzy, Tęczy i Mgiełki, które stały na podwórku.

— Mamy też kłopot. Nie wiem, co będzie z nami za kilka dni, a ty nam jeszcze psa sprowadzasz — z wyrzutem powiedziała Burza.

Chmurek nie odpowiedział. Głaskał psa. Wkrótce Tęcza i Mgiełka przyłączyły się do niego.

— Nie możemy go wyrzucić. Nie możemy go tak zostawić — przekonywał Chmurek.

Piesek jakby rozumiał, że o nim mowa, bo zaczął kopać dół w ziemi.

— On nam pomoże znaleźć klucz — powiedział Chmurek.

— No dobrze, niech zostanie — zgodziła się Burza, widząc, jak bardzo Chmurkowi zależy na zatrzymaniu psa.

Na te słowa radość ogarnęła wszystkich. Na chwilę zapomnieli, że muszą odnaleźć klucz. Zajęli się tylko porzuconym pieskiem, karmiąc go, głaszcząc i ściskając. Chmurek poczuł, że rozpiera go nieznane uczucie zadowolenia z siebie. On znalazł psa, on się nim zaopiekował. Wiedział, że zrobił coś ważnego. Poczuł zadowolenie, które dawało siłę.

— Przestałam się martwić, że nie znaleźliśmy tego klucza. Wiem, że damy sobie radę — powiedział.

Po chwili dodał:

— Nie wiemy, jak nasz pies się wabi. Musimy go jakoś nazwać. Co proponujecie? — spytał.

— A jeżeli on już ma swoje imię? — zastanawiała się Tęcza. — Spróbujmy wymienić kilka, może trafimy na właściwe.

Zaczęli się przekrzykiwać, wymyślając imiona: As, Brudas, Azorek, Korek, Rolmops, Kontrabas...

Pies nie reagował.

— Bawicie się z psem, a zupełnie zapomnieliście o kluczu — ze smutkiem stwierdziła Burza.

146

Na słowo „klucz" pies poruszył się niespokojnie.

— Klucz, Klucz! — zawołał Chmurek, i pies machając ogonkiem, podbiegł do niego.

— On się wabi Klucz — powiedziała ze zdziwieniem Burza.

— Klucz, Klucz — powtarzała Tęcza, a mała Mgiełka klaskała z radości w dłonie.

Niespodziewanie zjawił się Księżyc.

— Dom jest wasz. Znaleźliście klucz — oznajmił.

Zaległa cisza, którą przerwała Mgiełka, pytając:

— To ten piesek jest naszym kluczem? To jego mieliśmy odnaleźć?

— I tak, i nie — odparł Księżyc.

— Rozumiem — wolno powiedziała Tęcza. — My szukaliśmy zwykłego klucza do drzwi, podczas gdy trzeba było znaleźć klucz do samego siebie, i Chmurek go pierwszy odnalazł.

Księżyc potakująco kiwnął głową.

— Mamy dom, mamy psa! — cieszyli się Tęcza, Mgiełka i Chmurek.

Burza uśmiechała się bardzo zadowolona i dumna. Zamyśliła się na moment, po czym spytała:

— A Wicher... Co się z nim dzieje?

— Chciałby was odwiedzić, ale nie wie, czy się zgodzicie — odparł Księżyc.

Burza nie odpowiedziała. Spojrzała pytająco na Tęczę, Mgiełkę i Chmurka.

— Właściwie może nas odwiedzić, pod warunkiem, że będzie się odpowiednio zachowywał — niepewnie powiedział Chmurek.

— Tak — zgodnie stwierdziły Tęcza i Mgiełka.

— Pewnie, że może nas odwiedzić — dodała Burza. — Ale tylko pod tym warunkiem, i najlepiej, jak przyjdzie w twoim towarzystwie.

— Ja będę was często odwiedzał — zapewnił Księżyc.

Uśmiechnął się, patrząc na ich radosne twarze. Klucz wesoło merdał ogonem, łasząc się do swoich nowych właścicieli.

— Czekamy na ciebie — powiedzieli chórem.

Może i wy, mali czytelnicy, też wybierzecie się z Księżycem w odwiedziny?

Dziewczynka z obrazka

Ania wracała ze szkoły do domu. Słońce znajdowało się wysoko na niebie i otulało swym ciepłem ziemię. Drzewa i krzewy pokryły się mgiełką maleńkich listeczków. Było cudownie także dlatego, że w powietrzu rozchodził się orzeźwiający zapach, który mówił, że już jest wiosna.

Dziewczynka jednak nie zauważyła ani zieleni, ani też nie poczuła zapachu wiosny. Szła bardzo smutna, zatopiona głęboko we własnych myślach. Łzy cisnęły się jej się do oczu.

Ach, ta nowa szkoła, nowe koleżanki i koledzy! Wszystko takie obce i nieprzyjemne. W poprzedniej szkole było swojsko i miło. Tam została Karolina, najmilsza z najmilszych przyjaciółek. A tutaj? Budynek, w którym mieści się szkoła, jest tak olbrzymi, że trzeba by mieć specjalny przewodnik, aby trafić do właściwego pomieszczenia. Ania jest w niej już trzeci dzień i bez przerwy szuka swojej klasy. Dzieci wrzeszczą, popychają się, przedrzeźniają jedno drugie. Jest hałaśliwie i nieprzyjemnie.

Siedzę w ostatniej ławce, sama jak kołek. Przezywają mnie wsiura, bo przeprowadziłam się z małego miasteczka, prawie ze wsi. A ja wolałabym być tysiąc razy w tej wsi, z której tak się wyśmiewają, niż w wielkim mieście. Pani też jest inna, obca jakaś. Wygląda normalnie, jest wysoka, chuda, ma dużo kręconych włosów. Jest jednak dziwna, bo wcale się nie uśmiecha i zawsze bardzo się spieszy. Dzisiaj na pierwszej lekcji wyrwała mnie do odpowiedzi. Pytania padały jak kule z karabinu maszynowego: Jakie miasto jest stolicą Polski? A jak się nazywała pierwsza stolica? Kto to był Kopernik? Ile rok ma miesięcy? Który miesiąc ma dodatkowy dzień w roku przestępnym? I jeszcze wiele innych pytań mi zadawała, których nie zapamiętałam. Kiedy odpowiadałam, to pani najpierw sprawdzała dziennik, a potem słuchając moich odpowiedzi, uderzała ołówkiem o blat stołu, jakby chciała, żebym szybciej mówiła. W tym ogniu pytań wszystko mi się pomyliło i już nie wiedziałam, co powiedzieć. Stałam więc jak słup i jeszcze bardziej się denerwowałam. W końcu pani kazała mi usiąść. Przyjęłam to z ulgą, bo już dość miałam sprawdzania moich wiadomości i wstydziłam się, że tak słabo wypadłam. Było mi też przykro, że pani nie zapytała mnie, jak się tutaj czuję, czy mam już koleżanki.

Nagle jeden z chłopców siedzących w ławce przede mną, taki krótko ostrzyżony, krzyknął, wskazując na mnie palcem: plastuś, plastuś! Zaczerwieniłam się po korzonki włosów, a moje uszy zrobiły się bordowe i aż paliły z gorąca. Przezwisko bardzo mnie zabolało.

Także teraz, gdy o tym myślała, czuła bolesny ucisk w żołądku. To prawda; jedno ucho miała odstające, ale żeby zaraz nazywać plastusiem? To było takie upokarzające. Inne dzieci pokazywały ją sobie palcami i powtarzały: plastuś, plastuś... Patrzyła wtedy w okno i udawała, że jej to nie dotyczy. Tutaj już nigdy nie znajdzie przyjaciół, nikt jej nie polubi. Takie oto smutne myśli przepływały przez głowę Ani. Szła tak zamyślona, że nawet nie zauważyła, kiedy znalazła się blisko swego nowego domu. Mieszkała teraz w szeregowym domku. Takim, który bocznymi ścianami łączy się z innymi. Przed i za domem był maleńki ogródek. Dziewczynka stanęła przed furtką, popchnęła ją, i już tylko kilka kroków dzieliło ją od mieszkania. Poszukała w kieszonce klucza od drzwi wejściowych. O, jest — i po chwili była już w korytarzu. Rzuciła torbę obok wieszaka z odzieżą, zdjęła kurtkę i szybko pobiegła do swego pokoju.

Tutaj wszystko było tak, jak w poprzednim mieszkaniu. Te same meble, nawet tak samo ustawione. Pokój był nieduży. Przy oknie stało drewniane łóżko, na którym leżały lale i misie — wszystkie, jakie posiadała. One zawsze z nią spały. Często musiała tłumaczyć mamie, dlaczego z nią śpią w łóżeczku. Przecież czułyby się takie samotne, gdyby odłożyła je na półkę. Nie, tego nie mogła im zrobić. Zasłonka wisząca nad oknem była czerwona, a na niej naszyty był niebieski domek, kolorowe kwiatki i żółte słońce. Obok łóżeczka stał stary kredens, a dalej szafa, po drugiej stronie stół i dwa krzesła. Na podłodze leżał żółty dywan.

W pokoju nie było biurka ani półki na zabawki.

— Kupimy biurko i regał — mówiła mama. — Teraz możesz odrabiać lekcje przy stole, a zabawki i książki chować do kredensu.

Tak, to była bardzo rozsądna rada. Dziewczynka była zadowolona z urządzenia swego pokoju. Najbardziej jednak lubiła obrazek, który wisiał nad stołem. Często na niego patrzyła. Obrazek przedstawiał dziewczynkę, chyba w jej wieku, o długich, prostych włosach opadających na ramiona. Stała przy fortepianie. Obok na stołeczku siedział starszy pan, chyba jej dziadek albo nauczyciel muzyki, i gestem zachęcał dziewczynkę do gry na instrumencie. Ania podziwiała dziewczynkę z obrazka. Była taka piękna.

Dzisiaj czuła, że musi z kimś porozmawiać. Musi koniecznie wszystko opowiedzieć, ale komu? W domu była zupełnie sama. Rodzice wrócą dopiero za kilka godzin, a i tak będą zajęci. Zapewne nie znajdą czasu na rozmowę. Zwykle słuchają nieuważnie, zajęci różnymi rzeczami, na przykład wbijaniem gwoździ w ściany czy przestawianiem mebli. Przerywają jej, mówiąc: Przynieś miotłę, albo: Przepraszam cię, powtórz to jeszcze raz. Nie, z nimi nie można porozmawiać. Mama nie słucha, zajęta innymi sprawami, a tato udziela rad w rodzaju: Musisz to sama rozwiązać. Już ty lepiej wiesz, co należy zrobić. Oni interesują się głównie tym, czy odrobiłam lekcje, czy zjadłam obiad i czy nie jestem chora.

Chyba rozmawiam sama ze sobą — stwierdziła nagle Ania.

— A może ja mogłabym pomóc? — zapytał ktoś szeptem.

Ania rozejrzała się dookoła. Była trochę przestraszona.

— Czy ktoś tutaj jest? — spytała drżącym głosikiem.

— Tak, dziewczynka z obrazka — usłyszała odpowiedź.

— Dziewczynka z obrazka? A co to za bzdury? — powiedziała Ania. — Mówić mogą tylko ludzie i niektóre komputery specjalnie zaprogramowane. Wiem to od taty — pochwaliła się. — A ty nie możesz mówić — powiedziała bardzo głośno, bo była tą sytuacją trochę zdziwiona i trochę przestraszona.

— Jeśli nie chcesz, to nie będę z tobą rozmawiała — powiedziała dziewczynka z obrazka.

Zaległa cisza. Obraziła się — pomyślała Ania. A właściwie to od kiedy dziewczynki z obrazów rozmawiają i obrażają się? Może tata zrobił mi kawał. Muszę zobaczyć, czy nie ma tutaj schowanego gdzieś magnetofonu.

Ania zajrzała pod łóżko, pod stół, otworzyła na oścież drzwi kredensu i szafy, ale nigdzie niczego nie znalazła. Wychyliła się na korytarz. W domu nie było żywej duszy. Wszędzie zalegała cisza. Ania ponownie zamknęła drzwi od swego pokoju i zdjęła ze ściany obrazek. Usiadła na łóżku, podkurczając nóżki, plecami oparła się o poręcz i zwracając się do dziewczynki, powiedziała:

— Przepraszam, ja nie wiedziałam, że obrazkowe dziewczynki potrafią mówić.

Wówczas stała się rzecz bardzo dziwna. Dziewczynka zwróciła twarz w kierunku Ani.

— Ach, potrafię wiele innych rzeczy.

— A możesz tutaj do mnie przyjść? — spytała Ania.

— Tak. Już idę — odparła dziewczynka.

Ania zobaczyła, jak z obrazka najpierw uwalnia się głowa, potem ramiona i ręce. Dziewczynka schyla się i dłońmi pomaga sobie wyciągnąć nogi tak, jakby tkwiły w głębokim błocie. O, już jedną nóżkę wyjęła poza obrazek, teraz drugą i zjechała po obrazku jak po torze saneczkowym wprost na brzuszek Ani.

— Już jestem — powiedziała bardzo z siebie zadowolona.

Ania ujęła ją delikatnie w dłonie i zbliżyła do twarzy. Dziewczynka była tak piękna, że Ani aż dech zaparło. Włosy lśniły kolorami tęczy, oczy miała błękitne jak chabry, a uśmiech tak piękny, że od samego patrzenia znikały wszystkie smutki i usta same się układały do uśmiechu.

— To ty jesteś prawdziwa? — spytała Ania. — A może ja śnię?

— Ależ nie. Jestem najprawdziwszą dziewczynką z obrazka. Mogę mówić, śpiewać, tańczyć. Ale o czym to miałyśmy porozmawiać? Zdaje się, że o nowej szkole.

Ania przypomniała sobie, co wydarzyło się w szkole, i rozpłakała się rzewnie. Łzy spływały jej po policzkach. Dziewczynce z obrazka także zrobiło się przykro.

— W tamtym starym domu często przychodziła do nas Karolina — mówiła. — Lubiłam patrzeć, jak razem się bawicie. Czasem przychodziły też inne dzieci i było wtedy bardzo wesoło. Teraz siedzimy same i martwię się, że jesteś taka osowiała.

— Tak — odparła Ania. — Czułam się bardzo samotna, ale teraz już nie. Przecież mam ciebie.

To mówiąc, przetarła ręką mokre od łez oczy i uśmiechnęła się promiennie.

— Opowiadaj, co takiego wydarzyło się w szkole — poprosiła dziewczynka z obrazka, wyraźnie uradowana zmianą nastroju Ani, która dokładnie, ze szczegółami, opowiedziała dzisiejsze wydarzenia. Kończąc, dodała:

— Ja już tego nie wytrzymam. Nie pójdę jutro do szkoły.

— Sądzę, że na to jest rada. Powinnaś iść do szkoły i porozmawiać z koleżankami, spróbować zaprzyjaźnić się z kimś. Na zaczepki najlepiej nie zwracać uwagi.

— Łatwo powiedzieć, lecz wykonać to zupełnie inna sprawa. Znam te dobre rady — powiedziała Ania.

— Jutro pójdę z tobą do szkoły — zadecydowała dziewczynka z obrazka. — Razem będziemy rozwiązywały problemy.

— Wspaniale! — wykrzyknęła Ania. — Wiesz, z tobą będę czuła się odważniejsza. Ale gdzie ty się ukryjesz? W mojej kieszonce czy w torbie? — spytała.

— Ach, nie. Książki mogłyby mnie zgnieść, a z kieszonki mogłabym wypaść. Lepiej, jak zostanę na obrazku. Włożysz mnie do torby, a w czasie lekcji możesz mnie położyć na ławce. Będę wówczas wszystko słyszała i wiedziała, co się dzieje.

— Tak, to jest dobry pomysł — odrzekła uradowana Ania.

Nagle otworzyły się drzwi i do pokoju zajrzała mama. Była to drobniutka, szczupła kobieta, wyglądająca na starszą siostrę, a nie mamę swej córki.

— Kochanie — powiedziała. — Wróciłam z pracy. Taka jestem zmęczona. Boli mnie głowa. Napiję się tylko kawy i pędzę. Muszę jeszcze wiele spraw załatwić. A w szkole jak ci poszło?

I nie czekając na odpowiedź, mówiła dalej:

— W sobotę będziemy miały czas dla siebie. Wtedy

porozmawiamy. — To mówiąc, spojrzała na obrazek leżący na kolanach Ani.

— Widzę, że się nim bawisz. — I wyciągnęła rękę, by powiesić go z powrotem na ścianie.

— Nagle znieruchomiała, jakby ogromnie czymś zdziwiona.

— Zawsze wydawało mi się, że na tym obrazku namalowana jest dziewczynka. Hm... Czegoś mi tutaj brakuje.

— Krysiu, Krysiu! — rozległo się wołanie taty.

— Chodź tu na chwilę. Muszę z tobą porozmawiać.

— Już idę, idę — powiedziała mama. Podała Ani obrazek i kręcąc ze zdumienia głową, wyszła z pokoju.

— Wracam na obrazek. Nie chcę wzbudzać sensacji. A i dziadek pewnie za mną tęskni — powiedziała dziewczynka.

— A jak masz na imię? Przepraszam, że nie zapytałam wcześniej, ale byłam taka przejęta wydarzeniami w szkole — usprawiedliwiała się Ania.

— Jestem Stela, ale tylko dla ciebie i mojego dziadka. Dla wszystkich innych jestem dziewczynką z obrazka.

— Dziękuję — powiedziała Ania i lekko zaczerwieniła się z radości, że spotkało ją takie wyróżnienie.

— Dochowam tajemnicy — zapewniła.

— A teraz — zadecydowała Stela — wracam do siebie. — Proszę cię, pomóż mi — poprosiła.

Ania ujęła ją delikatnie w obie dłonie i przyłożyła do obrazu.

Stela rączkami przesuwała po powierzchni, jakby szukała w niej szczeliny. Nagle znalazła maleńki otwór. Rozszerzyła go i włożyła w niego głowę, potem ramiona, a na końcu pomagając sobie rękoma — nogi. Zupełnie jakby przechodziła przez płot i zatrzymała się w środku przejścia.

— Uf, nareszcie jestem — westchnęła.

Posłała Ani rączką całuska i znieruchomiała.

Ania wstała z łóżka, podeszła do stołu i zawiesiła obrazek na swoim miejscu. Jeszcze raz spojrzała na Stelę, a ta mrugnęła do niej łobuzersko okiem. Zdenerwowanie minęło. Nawet myśl, że jutro znowu musi iść do szkoły, nie wywołała niepokoju.

Wieczorem, gdy razem z rodzicami jadła kolację przy włączonym telewizorze, mama niespodziewanie spytała o obrazek:

— Aniu, czy powiesiłaś obrazek na miejsce?

Dziewczynka skinęła głową.

— Wydawało mi się, że tam była namalowana dziewczynka — mówiła mama jakby do siebie. Po czym znowu zwróciła się do Ani z pytaniem:

— Córuś, co ty o tym myślisz? Na tym obrazku była dziewczynka czy też jej nie było?

Rozważania mamy przerwał tato:

— Taki dobry film, a ty rozprawiasz o jakiejś dziewczynce z obrazka — mówił z pretensją w głosie.

— Dobrze już, dobrze — ugodowo powiedziała mama i na tym zakończyła rozmowę.

Ania była bardzo zadowolona, że nie musi mamie niczego wyjaśniać. Pragnęła przecież dochować tajemnicy.

Następnego dnia wstała bardzo wcześnie. Pierwsze, co zrobiła, to zdjęła obrazek ze ściany i przywitała się ze Stelą. Później bardzo ostrożnie zapakowała obrazek w foliowy worek i schowała go do torby. Zamknęła drzwi na klucz i pobiegła do szkoły. Dzisiaj swoją klasę znalazła bez trudu.

— Dzień dobry wszystkim — powiedziała, wchodząc do środka.

Czuła się bardzo pewnie, bo przecież nie była sama. Stela była tak blisko.

— Dzień dobry — usłyszała z różnych stron.

Torbę położyła na ławce, po czym zbliżyła się do grupki dziewcząt.

— Czy mogę się do was przyłączyć? — zagadnęła.

— A w co chciałabyś się bawić? — spytała jedna z nich.

— W to samo co i wy — odparła.

— Podoba ci się w naszej klasie? — zapytała inna dziewczynka.

— Jeszcze was dobrze nie znam, ale chciałabym, żebyśmy się polubili — odparła najbardziej dyplomatycznie, jak potrafiła. Jakaś mania przepytywania tutaj panuje — pomyślała. Jej odpowiedzi widocznie spodobały się dziewczynkom, bo zaproponowały:

— Na przerwie poskaczemy razem przez skakankę, chcesz?

— Chętnie — odrzekła Ania.

Była z siebie bardzo zadowolona. Przełamała pierwsze lody i nawiązała kontakt z koleżankami.

Do klasy weszła nauczycielka. Dzieci rozbiegły się na swoje miejsca. Zaczęła się lekcja. Pani otworzyła dziennik i powiedziała:

— Dzisiaj poproszę do odpowiedzi naszą nową uczennicę Anię.

Ania poczuła, że jej serce mocno uderza w piersi,

jakby chciało wyskoczyć. Wstała i drżącym głosikiem powiedziała:

— Jestem.

— Wczoraj zadałam wam do przeczytania rozdział o pierwszych Piastach. Opowiedz, co zapamiętałaś. O jakich Piastach? Jaki rozdział? Zapomniałam nawet zajrzeć do podręcznika. Skompromituję się przed całą klasą — myśli jak błyskawice przelatywały jej przez głowę. Co robić? Co robić? I już chciała wyjaśnić nauczycielce, że niestety nie umie, że zapomniała, gdy usłyszała głos Steli:

— Powtarzaj za mną. Z rodu Piastów wywodzi się Mieszko I, który zjednoczył państwo Polan i ochrzcił jego mieszkańców. Jego syn Bolesław Chrobry był pierwszym królem Polski...

Po chwili pani przerwała, mówiąc:

— Bardzo dobrze. Dziękuję. A teraz może ktoś inny będzie kontynuował.

Ania usiadła. Zbliżyła buzię do obrazka i powiedziała do Steli:

— Dziękuję. Jutro na pewno przygotuję się do lekcji, ale dzisiaj skompromitowałabym się przed całą klasą i byłoby mi jeszcze trudniej.

— Wiem — odpowiedziała Stela.

Nie było czasu na dalsze rozmowy. Kuba, chłopiec siedzący w ławce przed Anią, ten sam, który ją wczoraj przezywał, usłyszał jakieś szepty. Nie wiedział, kto mógł podpowiadać, dlatego pilnie ją śledził. Bez przerwy odwracał się, nadsłuchiwał.

Głośno zaterkotał dzwonek na przerwę. Dzieci wyszły z klasy. Ania razem z innymi wybiegła na boisko szkolne. Umówiła się tutaj z koleżankami. Miały skakać przez skakankę. Podbiegły do niej dwie dziewczynki. Jedna, taka grubiutka, przedstawiła się:

— Ja jestem Kasia, a to moja najlepsza koleżanka Basia — pokazała palcem na wysoką, szczupłą dziewczynkę.

Basia chwyciła jeden koniec skakanki, a Kasia drugi.

— Zaczynaj — zakomenderowała, zwracając się do Ani.

W tym momencie zbliżył się do nich Kuba. Zdjął chusteczkę z szyi i zaczął biegać wokół Ani, krzycząc:

— Wsiura, plastuś, wsiura, plastuś!

Dotknął Anię rąbkiem materiału, po czym podbiegł do Kasi i Basi, wołając:

— Zarazicie się. Też będziecie wsiurami, plastusiami!

Dziewczynki z piskiem rozbiegły się po boisku. Ania stała jak słup soli. Inne dzieci otoczyły ją, ciekawie przyglądając się tej zabawie, a on podbiegał do Ani i pozostałych dzieci.

— Zarazicie się! Plastuś, wsiura! — krzyczał.

Nie, tego już nie mogła dłużej znieść. Łzy cisnęły się jej do oczu. Pobiegła do budynku i jak bomba wpadła do swojej klasy.

— Stela, Stela! — wołała przez łzy. Wyjęła obrazek i zaczęła opowiadać, co się przed chwilą wydarzyło.

Stela wyciągnęła główkę i rączki z obrazka.

— Nie płacz — poprosiła. — Ja zaraz coś wymyślę. Poradzimy sobie z tym niedobrym Kubą.

Nagle nad ich głowami rozległ się nieprzyjemny głos:

— Komu to ja się nie podobam?

Joanna Trzmiel, lat 8

Nad Anią stał Kuba. Nie zauważyła, kiedy wszedł do klasy. Przytuliła obrazek, chcąc ukryć Stelę. Było jednak za późno. Już ją zauważył. Zdziwił się tak bardzo, że na moment znieruchomiał.

— Co to jest? — wyjąkał, wskazując palcem dziewczynkę z obrazka.

— To moja przyjaciółka — odparła Ania.

— Ja nie o to pytam — powiedział Kuba niecierpliwie. — Skąd ona się tutaj wzięła? A właściwie to mnie nic nie obchodzi — lekceważąco wzruszył ramionami. — Wiem, że dobrze podpowiada. Musi pracować też dla mnie — oświadczył.

Ania chciała zaprzeczyć, wyjaśnić, że Stela dla niej nie pracuje, że ona jej tylko pomaga i że jest najlepsza z najlepszych, lecz nie zdążyła. Bo oto odezwała się Stela:

— Owszem, mogę ci podpowiadać. Mogę też nauczyć cię różnych sztuczek, jakie tylko dziewczynki z obrazka znają.

W oczach Kuby pojawiły się iskierki zainteresowania. O tak, chciałby mieć specjalną moc. Już on by wszystkim pokazał! Musieliby wypełniać jego rozkazy, być na każde skinienie.

— Dobrze — powiedział. — To co mam zrobić?

— Musisz zająć moje miejsce. Tutaj nabierzesz czarodziejskiej mocy — mówiła tajemniczo Stela.

— Oczywiście. Wychodź! — niegrzecznie popędzał dziewczynkę. Zaczął ją siłą wyszarpywać z obrazka.

— Zaczekaj. Powoli! Tak nie można. Uszkodzisz obrazek lub mnie! — zawołała.

Nie reagował, gdyż bardzo mu się spieszyło.

— Przestań! Natychmiast przestań. Niszcząc obrazek, spowodujesz, że nie wejdziesz tutaj i niczego się nie nauczysz.

Ta uwaga powstrzymała Kubę. Założył ręce do tyłu i popędzał Stelę, mówiąc:

— Szybko. Nie mam czasu. Nie grzeb się tak.

Dziewczynka powoli wychodziła z obrazka, jakby uwalniała się z błota, które ją przytrzymywało. Nareszcie stanęła na obrazku.

— Teraz ty — powiedziała do Kuby. — Zbliż się.

Swoimi małymi rączkami zaczęła ugniatać jego głowę, która pod wpływem dotyku bardzo się zmniejszyła, po czym włożyła ją do obrazka. To samo zrobiła z rękami, nogami, tułowiem — zmniejszając je i upychając do środka. Kubie nie było na obrazku za wygodnie, więc jeszcze przez chwilę wiercił się i kręcił. Potem znieruchomiał.

— No, już po kłopocie — stwierdziła Stela.

Ania popatrzyła na obrazek. Na miejscu Steli stał Kuba. Był jakby swoim lustrzanym odbiciem, lecz bardzo pomniejszonym.

— I co teraz będzie? — spytała zaniepokojona Ania.

— Będzie tam stał i stał. Dobrze mu tak. Niech sobie wszystko przemyśli, może coś z tego wszystkiego zrozumie — powiedziała Stela.

— To on nie może wyjść z obrazka?

— Bez mojej pomocy nie — odrzekła Stela. — A ja teraz wchodzę do twojej kieszonki.

Ania ostrożnie zawinęła ją w chusteczkę i ukryła w kieszonce. W tym momencie rozległ się dzwonek, drzwi do klasy otworzyły się i wbiegły dzieci. Kasia podeszła do Ani i powiedziała:

— Przepraszam, że nie przeszkodziłam Kubie, kiedy cię zaczepiał. Jest taki niedobry. Ja też go nie lubię i trochę się go boję. Dlatego stchórzyłam — tłumaczyła się.

Nagle jej wzrok padł na obrazek.

— O, tutaj jest Kuba! — krzyknęła ze zdziwieniem.

— Gdzie jest Kuba? — zainteresowały się inne dzieci. — Gdzie?

W klasie go nie było.

— Tutaj, na obrazku — pokazywała palcem Kasia. Uniosła obrazek wysoko nad głowę i wołała: — Zobaczcie Kubę! Jest tutaj.

— Skąd się tam znalazł? Jak to się stało, że jest na obrazku? — pytały dzieci, przekrzykując się. Potem zaczęły wydzierać sobie obrazek. Wołały jedno przez drugie: — Ja chcę zobaczyć!

— Ja też, i ja...

Rozpoczęła się szamotanina. Przestraszona Ania krzyczała najgłośniej:

— Oddajcie mi mój obrazek!

Ale dzieci nie słuchały. Każde chciało zobaczyć Kubę. Niektóre skrobały po Kubie paznokciem, jakby chcąc sprawdzić, czy portret jest autentyczny. W końcu oddały Ani obrazek. Kuba był mocno podrapany, a jego ubranie poszarpane.

— To wy go nie lubicie? — spytała dziewczynka.

— Ani trochę. Terroryzuje klasę, zastrasza, przezywa, bije — powiedziała Kasia.

— Tak, tak! — potwierdziły inne dzieci.

— Czy on wie o tym, jak bardzo jest nie lubiany? — spytała.

— Chyba niczego nie rozumie. Myśli, że jeśli jest taki silny, to jest najważniejszy — odrzekła Kasia.

— Wszystkich zaczepia, popycha, bije — mówiła Basia.

Do klasy weszła pani. Dzieci wróciły na swoje miejsca.

— Zaczynamy lekcję. — Pani zaklaskała w dłonie, uspokajając uczniów.

— Proszę pani, proszę pani! — ze wszystkich stron wołali uczniowie. — Kuby nie ma.

— A jest jego torba? — zainteresowała się nauczycielka.

— Tak — odparli chórem.

— To przyjdzie i wówczas dowiemy się, dlaczego się spóźnił.

W ten sposób pani ucięła wszelkie rozmowy na ten temat i zaczęła prowadzić lekcję. Kuba jednak nie zjawił się ani na tej lekcji, ani na następnych. Dzieci zastanawiały się, co też mu się mogło przydarzyć.

Po skończonych lekcjach woźna zabrała rzeczy Kuby. Uczniowie zaczęli się rozchodzić do domów. Do Ani podeszła Kasia.

— Jutro są moje urodziny. Zapraszam. Przyjdź o piątej. Będą koleżanki z naszej klasy.

— Dziękuję. Bardzo się cieszę. Na pewno przyjdę — zapewniła ją Ania.

Nie miała jednak czasu, by myśleć o miłym zaproszeniu. Chciała być jak najprędzej sama i porozmawiać ze Stelą. Teraz było jej Kuby żal. Nikt w klasie go nie lubi. A może on nie umie być miły, nie wie, jak należy się zachować, by zdobyć przyjaźń, i dlatego jest taki niedobry i złośliwy? — myślała.

Nareszcie została w klasie sama. Wyciągnęła z kieszonki Stelę.

— Co teraz zrobimy z Kubą?

— Chodźmy do domu. Tam zdecydujemy — doradziła dziewczynka z obrazka.

Ania na powrót wsunęła ją do kieszonki. Włożyła kurtkę i wzięła torbę. Miała ochotę biec, by jak najszybciej znaleźć się w domu, ale obawiała się, że Stela może wypaść, i dlatego szła wolniutko.

Odetchnęła z ulgą, gdy znalazła się w swoim pokoju. Z torby wyciągnęła obrazek. Kuba wydawał jej się bardzo smutny.

— Zobacz — zwróciła się do Steli — jaki on ma wyraz twarzy.

— Powinien jeszcze pozostać na obrazku. Musi mieć dużo czasu na przemyślenia — stwierdziła Stela.

— Jaki on jest podrapany! A poza tym słyszał wszystko, co o nim mówiły dzieci, że go nie lubią, że lepiej, jak go nie ma w klasie. To bardzo przykre usłyszeć takie opinie o sobie — mówiła Ania.

Stela wahała się, jak postąpić. W końcu powiedziała:

— No dobrze, może rzeczywiście już zrozumiał.

Zbliżyła dłonie do miejsca, w którym tkwiła głowa Kuby, i z mozołem zaczęła wyciągać ją z obrazka. Po chwili ruszał już nią na wszystkie strony. Potem wyciągnęła ręce i rozszerzyła powierzchnię obrazu tak, że tułów i nogi chłopca leżały na obrazku, a nie tkwiły w nim, jak poprzednio. Teraz Stela rozciągała jego głowę, ramiona i tułów. Powoli Kuba robił się coraz większy, aż stał się taki, jaki był wcześniej. Zerwał się na równe nogi, pokręcił głową, poruszył rękami i nogami, jakby chciał sprawdzić, czy wszystko jest w porządku. Po czym, uspokojony, że znowu jest sobą, odezwał się do dziewczynek:

— Ale głupio dałem się wam zaskoczyć.

— Czy z tego coś wyniknie? Czy zmienisz się i nie będziesz dokuczał innym? — spytała Stela.

— Ja... ja nie wiedziałem, że oni mnie tak nie lubią. Myślałem, że chcą, żebym się wygłupiał — mówił smutnym głosem.

— Jeśli będziesz się starał zmienić, to z czasem może cię polubią. Jeśli nie, to zawsze już pozostaniesz tym najgorszym. Będą się z tobą bawić tylko ze strachu, że ich wyśmiejesz lub pobijesz — tłumaczyła Stela.

Chłopiec zamyślił się. Po chwili powiedział:

— Wracam do domu, bo mama pewnie się o mnie niepokoi. Do widzenia — powiedział grzecznie, wychodząc z pokoju. Ania odprowadziła go do drzwi. Nagle, będąc już na zewnątrz, wyszeptał:

— Nie będziesz się już na mnie gniewać? Postaram się być dobrym kolegą.

— Nie gniewam się na ciebie — odpowiedziała uradowana Ania. — Ale o Steli ani słówka — położyła palec na ustach.

— Oczywiście — zgodził się Kuba.

— Do jutra! — krzyknął jeszcze i już go nie było.

Ania wróciła do Steli i opowiedziała jej o zachowaniu Kuby.

— Myślę, że się zmieni, ale to nie będzie łatwe. Pomożesz mu?

— Tak. Sądzę, że chcę być jego koleżanką — powiedziała wolno Ania, jakby zastanawiając się nad każdym słowem.

— Jestem zmęczona. Wracam na obrazek. Nie będę ci już tak bardzo potrzebna. Masz w nowej szkole koleżanki, a może nawet kolegę. Pamiętaj, że zawsze możesz liczyć na moją pomoc.

Po czym zaczęła wchodzić w obrazek. Po chwili była znowu namalowaną dziewczynką.

— Zawieś mnie na ścianie — poprosiła.

Ania posłusznie spełniła jej życzenie. Zaraz potem do pokoju wbiegła mama.

— O, widzę, że obrazek jest na swoim miejscu. Przysięgłabym, że jeszcze wczoraj nie było tam tej dziewczynki. Co też zapracowanie czyni z moją głową — mówiła z zatroskaniem załamując ręce. — A jak tam w szkole? Czy już masz koleżanki?

— Tak, mamo. Jutro chciałabym pójść na urodziny Kasi.

— Wspaniale! Tak się z tego cieszę — rzekła mama. — A teraz chodź ze mną do kuchni. Mam dla ciebie coś dobrego.

To mówiąc, pociągnęła Anię za rękę w kierunku drzwi. Wychodząc z pokoju, dziewczynka spojrzała na Stelę, która uśmiechnęła się. Jak to dobrze mieć taką przyjaciółkę — pomyślała Ania, cichutko zamykając za sobą drzwi.

Lustro

Było piękne sierpniowe popołudnie. Słońce ciekawe wszystkiego wpadało przez okna do mieszkań, wysyłając tam swoje promienie. Promyki biegały radośnie, zaglądając do każdego kąta, przeskakiwały z mebla na mebel, baraszkowały. Zatrzymywały się tylko na moment, by obdarować swym ciepłem, a potem szybko uciekały. Zawiódłby się każdy, kto chciałby je złapać i zatrzymać na dłużej. Nie było to możliwe. Potrafiły jednak przez tę króciutką chwilę z czułością objąć, obdarzyć ciepłem, sprawiedliwie obdzielając sobą ludzi, zwierzęta i przedmioty.

Promyki słońca wpadły także do pokoiku Agnieszki — dziewczynki, która samotnie leżała chora w łóżeczku. Powitały ją jak starą znajomą; taką, którą spotyka się codziennie. Pogłaskały po chudej twarzyczce, delikatnych rączkach leżących na kołdrze i pobiegły dalej. Dziewczynka uśmiechnęła się. Czekała na te miłe odwiedziny. Promyki tymczasem biegały po łóżku, po krzesełku ustawionym tuż obok i biureczku. Przyjrzały się rysunkom i zeszytom, a potem pospiesznie podążyły dalej.

Meble w tym pokoju wykonane były z surowego drewna i pod wpływem ciepła zapachniało lasem, przypominając o szumiących drzewach i śpiewie ptaków. Sprzętem, na którym promyki zatrzymały się dłużej, była ogromna toaletka. Mebel ten nie pasował do pozostałych — nowoczesnych, sosnowych i prostych; był bardzo, bardzo stary. Toaletka składała się z luster i podstawy, którą tworzyły trzy szuflady. Lustro dzieliło się na trzy części: największą, położoną centralnie oraz umieszczone po bokach dwa ruchome skrzydła, które można było ustawiać pod różnym kątem. Szuflady w podstawie były bardzo grubo polakierowane i dlatego silnie błyszczały. Miały też piękne, złocone uchwyty. To był naprawdę ładny mebel, choć trochę dziwny, odmienny od reszty. Można było w nim zobaczyć cały pokój dziewczynki, tak jakby za lustrem znajdował się drugi taki sam. Łóżeczko stało na wprost lustra, więc Agnieszka, leżąc, mogła zobaczyć swoje odbicie, meble, wszystko, co się wewnątrz pokoju znajdowało. Lubiła, patrząc na swoje odbicie, rozmawiać z dziewczynką w lustrze, która przecież była nią. Godzinami przebywała przed lustrem, zaprzyjaźniła się więc ze swoim odbiciem. Miło było pomarzyć, że nie leży się samotnie, że blisko jest przyjaciółka zawsze chętna do rozmowy.

Agnieszka uważnie obserwowała wesołe promyczki, które swą ruchliwością zachęcały do zabawy. Nagle ze zdumieniem spostrzegła, że promyki dłużej zatrzymują się w środkowej części lustra, łączą się, skupiają, po czym wnikają do wewnątrz i znikają. Przetarła oczy. Nie, to niemożliwe, przywidziało mi się — pomyślała. Spojrzała ponownie i znowu zobaczyła, jak promyki gromadzą się, zatrzymują i wchodzą do wnętrza lustra. To chyba sen — powiedziała do siebie i uszczypnęła się w rękę, chcąc sprawdzić, czy to sen, czy też jawa. Lecz to nie był sen. Na pewno przywidziało mi się — przekonywała samą siebie, a następnie odwróciła głowę w drugą stronę. Dzisiaj — tak jak wczoraj i przedwczoraj — była w domu sama. Zdążyła już polubić swoją samotność i zaakceptować fakt, że choroba uniemożliwia jej zabawy z dziećmi, przebywanie na świeżym powietrzu czy chodzenie do szkoły. Leżąc w łóżku, godzinami oglądała stare fotografie, albumy i ilustracje w gazetach. Bardzo lubiła to robić i wyobrażać sobie niezwykłe wydarzenia. Najbardziej jednak lubiła rysować, ale nie kotki czy pieski. Pragnęła narysować takiego ptaka, który byłby jak prawdziwy; takiego, który mógłby oderwać się od kartki i pofrunąć. Czekała na taki dzień, kiedy narysuje doskonałego ptaka, który poszybuje wysoko, a potem wróci do niej i opowie, co widział. Wczoraj próbowała swoich możliwości plastycznych, ale się nie udało. Ptak jest co prawda bardzo piękny, ma barwne skrzydła i zgrabną główkę, ale nie potrafi fruwać. Dzisiaj narysuję jeszcze piękniejszego — postanowiła. Wstała z łóżka, podeszła do biurka i zamierzała wziąć ołówek do ręki, ale zdarzenie, które przed chwilą obserwowała, nie dawało jej spokoju.

Zbliżyła się do lustra. Zobaczyła w nim niedużą dziewczynkę, może ośmioletnią, która miała cztery cienkie warkoczyki. Włosy były koloru myszowatego, takiego, o którym mówią: ni w pięć, ni w dziewięć. Warkoczyki przylegały do uszu, jakby były przyklejone. Oczy miała duże, a nos jeszcze większy, stanowczo nie pasujący do drobnej twarzyczki zawsze lekko uśmiechniętej i rozmarzonej. Nos dodawał jej powagi.

Dziewczynka wyciągnęła przed siebie ręce i uśmiechnęła się. Jej odbicie zrobiło to samo. Poczuła się dobrze i bezpiecznie; nie była sama, a poza tym wiedziała, że jej przyjaciółka nie pokłóci się z nią, nigdy nie zawiedzie i nie odejdzie.

Nagle ze zdziwieniem zauważyła, że po obu stronach w lustrze pojawiły się dwie inne dziewczynki, całkiem od niej różne. Ich włosy były innego koloru, inne były ich fryzury, inaczej się uśmiechały. Dziewczynki zauważyły jej zdumienie i spytały:

— Czy chciałabyś się z nami zaprzyjaźnić? Bo my — spojrzały na siebie — bardzo tego pragniemy.

Po czym zaśmiały się radośnie, że tak razem wypowiedziały tę myśl.

— O... o... oczywiście — wyjąkała zdziwiona dziewczynka, pytająco patrząc na tę stojącą naprzeciw siebie, którą zawsze w marzeniach nazywała swoją przyjaciółką. Lecz ona była podobnie zaskoczona niezwykłym pojawieniem się nowych towarzyszek.

— Ja jestem Karolina — przedstawiła się dziewczynka stojąca w prawej części lustra.

— A ja — Justyna — powiedziała dziewczynka w lewej jego części.

— Ja... mam na imię... Agnieszka — z trudnością wyjąkała dziewczynka stojąca przed lustrem. Była tak speszona pojawieniem się dwóch nieznajomych, że przenosiła spojrzenie z jednej na drugą i myślała tylko o tym, jak one się tu znalazły.

Przybyszki były jej rówieśnicami, bo wszystkie byłyjednakowego wzrostu, lecz na tym kończyło się podobieństwo. Karolina miała włosy koloru czerwonego, a Justyna niebieskie. Karolina miała śmieszną szczerbę między zębami i gdy potrząsała głową, to jej ogniste włosy, rozsypując się wokół twarzy, tworzyły coś na kształt aureoli. Natomiast Justyna, gdy się śmiała, tak szeroko otwierała usta, że widać było jej tylne zęby. Uwagę zwracały jej bardzo wąskie oczy, rozstawione tak szeroko, że wydawało się, iż może, nie odwracając głowy, obserwować, co dzieje się dookoła.

Agnieszka zauważyła, że jej lustrzane odbicie obejmuje ramionami te dwie dziewczynki. To jeszcze bardziej ją zdziwiło, dlatego zwróciła się do dziewczynki, która była najbardziej do niej podobna:

— To ty nie jesteś moim odbiciem?

— Ależ oczywiście, że nie. Mam na imię Dora i żyję po drugiej stronie lustra.

Agnieszka zauważyła, że lustrzana dziewczynka, chociaż tak do niej podobna, nie wykonuje już tych samych gestów i ma całkiem inny głos. Chcąc się upewnić, że jednak stoi przed lustrem, Agnieszka zajrzała za nie. Zobaczyła tam tylko małego pajączka, który pracowicie rozpinał swe sieci.

— Skąd się tutaj znalazłyście? — spytała.

— Jesteśmy tu od bardzo dawna i znamy cię. Dora nawet bardzo dobrze, bo przecież ciągle z tobą przebywała. Dużo też o tobie opowiadała i zapragnęłyśmy zaprzyjaźnić się z tobą — wyjaśniła Karolina.

— Chodź do nas, to wszystko zrozumiesz — powiedziała Justyna i uśmiechnęła się tak szeroko, jak tylko potrafiła.

— Ale jak ja mogę do was przyjść? — spytała Agnieszka, bezradnie rozkładając ręce, jakby tym gestem chciała podkreślić, że to nierealne.

— Nie, to niemożliwe — powiedziała sama do siebie.

— Możliwe, możliwe — powtórzyły pozostałe dziewczynki zgodnym chórem.

— Zaraz ci to wyjaśnię — dodała Dora. — My jesteśmy po drugiej stronie lustra, a właściwie po drugiej stronie świata. Tutaj — pokazała palcem na lustrzaną taflę — twój się kończy, a nasz zaczyna. To tylko kwestia ustalenia, co jest początkiem, a co końcem — zauważyła refleksyjnie.

— Ja dalej nic nie rozumiem — przerwała jej rozdrażniona nieco Agnieszka, podejrzewając, że dziewczynki z niej kpią. — Co się kończy, co zaczyna? Ja przecież nie mogę przyjść do was — mówiła już ciszej, a w jej głosie zabrzmiała nutka żalu, że to niemożliwe. — Jesteście kłamczuszki — dodała.

— Wcale nie — obruszyły się dziewczynki. — Jak będziesz chciała, to do nas przyjdziesz.

— Nie wiem, jak to zrobić — mruknęła, bo ich zdecydowanie odebrało jej pewność. — A może wy jesteście w mojej wyobraźni? — dodała. — Znam te bajki, że wyobraźnia pomaga przekraczać wszelkie granice.

— Nie — odpowiedziała jej Dora. Zaraz ci to wyjaśnimy. Poczekaj chwileczkę.

Dziewczynki poszeptały między sobą. Agnieszka była bardzo ciekawa, o czym rozmawiają, ale nie wypadało podsłuchiwać. Wzruszyła więc ramionami, by pokazać, że ją to nic nie obchodzi.

— Przepraszam — powiedziała Karolina. — Naradzałyśmy się, jak przeprowadzić cię tutaj. Proszę, zrób dokładnie to, co ci powiemy. Stań bokiem do lustra i delikatnie pchnij ramieniem powierzchnię. O, tak, właśnie tak — krzyczały podniecone dziewczynki. Agnieszka dokładnie wykonywała ich polecenia. Lustro jednak stawiało opór.

— Mocniej, mocniej — podpowiadały.

Wtedy Agnieszka poczuła, że tafla lustra jak tkanina rozciąga się pod jej naporem. Zachęcona tym pchała jeszcze mocniej. Nagle poczuła, jak dziewczynki chwytają ją za rękę, przeciągając na drugą stronę. Zdumiona zobaczyła, że lustro zamyka się za nią i znów jest taflą szkła. Agnieszka znalazła się jakby w swoim, a jednak obcym pokoju. Wszystko tutaj było takie samo: stół, na którym stał wazon w kropeczki i granatowo-turkusowe kwiaty. Te same książki na półce i biurko, identyczne łóżeczko z rozrzuconą pościelą. Wszystko to jednak było jakieś odmienione, bo oknem w tym pokoju było lustro, przez które mogła zaglądnąć i zobaczyć swój pokój, którego ten był odbiciem.

— Czy ja mogę — szepnęła nieśmiało — obejrzeć wasze mieszkanie?

Dziewczynki na znak zgody kiwnęły głowami.

— Wszystko ci pokażemy, oprowadzimy — powiedziała Dora.

Agnieszka uchyliła drzwi i znalazła się w pokoju swoich rodziców. Szybko przebiegła przez pomieszczenie i otworzyła następne drzwi. W tym pokoju stały stare meble, na ścianach wisiały obrazy i stare fotografie, ale i ten pokój wydał jej się znajomy.

— Ja chyba kiedyś już tu byłam — stwierdziła, zwracając się do dziewczynek.

— Ale oczywiście — odparła Justyna. — Popatrz na to zdjęcie.

To mówiąc, wskazała palcem na dużą fotografię, która oprawiona w ramkę wisiała nad ogromnym fotelem. Agnieszka podeszła bliżej. Na fotografii uśmiechała się starsza pani.

— To moja babcia. Tak, poznaję. To pokój babci — ucieszyła się.

— To jest twoje mieszkanie. A także mieszkanie twojej babci takie, jakie było wcześniej, zanim się urodziłaś.

— Jak to możliwe? — spytała dziewczynka.

— Wszystko, co się odbije w lustrze, pozostaje tutaj na zawsze — wyjaśniła Justyna.

— Wszystko — dodała Karolina.

— Czy to znaczy, że wszelkie osoby i rzeczy, które odbiją się w lustrze, są tutaj? — upewniała się Agnieszka.

— Tak. — Karolina uśmiechnęła się. — Także wtedy, gdy jakaś rzecz w twoim świecie ulegnie zniszczeniu i wyrzuceniu.

To wszystko było bardzo dziwne. Dziewczynce cisnęły się na usta pytania: Jak to możliwe? Jak to się dzieje, że po drugiej stronie lustra jest jej mieszkanie, a także mieszkanie jej babci? Chciała wiedzieć, kogo tutaj może spotkać i jakie tajemnice kryje ten drugi świat. Jej rozmyślania przerwało nawoływanie mamy:

— Agnieszko, gdzie jesteś? Gdzie się schowałaś? Proszę, przyjdź do mnie!

— Jestem tutaj, po drugiej stronie lustra — odkrzyknęła dziewczynka, lecz mama nie usłyszała odpowiedzi i nadal wołała:

— Agnieszko! Agnieszko!

Dziewczynka zrozumiała, że naprawdę znajduje się w innym świecie.

— Co mam zrobić, by mamie powiedzieć, że jestem tutaj i wrócę później do swojego pokoju? Mama mnie nie słyszy — powiedziała, patrząc na koleżanki.

— Nie można być jednocześnie w dwóch światach, nawet jeśli jeden jest odbiciem drugiego — odrzekła Justyna.

— Szkoda — zmartwiła się Agnieszka.

— Możesz być tutaj z nami albo tam — pokazała na pokój, po którym biegała zatroskana mama.

— Ale ja chcę być tu i tam.

— Nie każdy może przechodzić na drugą stronę i powracać, ale jeśli chcesz, to my ci pomożemy — powiedziała Dora, chcąc uspokoić zdenerwowaną Agnieszkę.

— Tak? To ja chcę jeszcze pobyć trochę z wami — odrzekła i jednocześnie pomyślała: Potem wrócę do mojego świata.

Nagle usłyszała, jak jej myśli płyną z niej jak dźwięki z radia.

Koleżanki roześmiały się.

— To ty nie wiesz, że tutaj nie potrzebujemy głośno rozmawiać, by usłyszeć się wzajemnie? Tu każdą myśl, każde słowo wypowiedziane najcichszym szeptem słychać doskonale. Możemy rozmawiać naszymi myślami.

— To znaczy, że tutaj niczego nie można ukryć, nie można skłamać? — spytała, czerwieniąc się ze wstydu.

— Tak — potwierdziła Karolina. — Widzisz, ten nasz świat jest bardziej prawdziwy niż twój, mimo

Martynka Zdonew, lat 6

że odbity w lustrze. Żadna osoba, żaden przedmiot nie zniszczy się. Wszystko tutaj zostaje na zawsze.

— Jakie to niezwykłe — stwierdziła Agnieszka.

Znowu usłyszała nawoływania mamy.

— Muszę wrócić.

— Dobrze — zgodziły się dziewczynki. — Pomożemy ci to zrobić.

Podeszły do lustra, które z ich strony wyglądało jak szyba. Ustawiły Agnieszkę bokiem i zaczęły coraz mocniej popychać. Podobnie jak poprzednio poczuła, że tafla lustra stawia opór, a potem rozsuwa się...

Uff, już stała po drugiej stronie, a trzy koleżanki kiwały jej na pożegnanie.

Agnieszka odwróciła się i powiedziała:

— Mamo, już jestem.

— Co się z tobą, moje dziecko, działo? — pytała mama bardzo przestraszona. — Straciłaś przytomność! Muszę wezwać lekarza — mówiła zdenerwowana.

— Nie, ja tylko byłam po drugiej stronie lustra.

— Co ty opowiadasz! Kochanie, majaczysz. Leż w łóżeczku, a ja dam ci lekarstwo. Postaraj się zasnąć — mówiła mama. — Myślałam, że umarłaś.

— A co to jest śmierć? — spytała dziewczynka.

Mama jednak nie odpowiedziała. Dziewczynka zauważyła, że bardzo ją to pytanie przestraszyło. Agnieszka pojęła, że nie może o to więcej pytać. Powinna mamie opowiedzieć o swoich koleżankach, które czekają na nią po drugiej stronie lustra. Wiedziała, że nie może tego zrobić, bo mama nie tylko nie zrozumie, ale jeszcze bardziej się zmartwi i przestraszy, jak przy pytaniu o śmierć.

— Dobrze, mamusiu. Będę spała.

Rzeczywiście poczuła się bardzo zmęczona i wkrótce zasnęła.

*

Agnieszka spała dość długo. Kiedy otwarła oczy, do jej pokoiku znowu zaglądały wesołe promyki porannego słońca. Biegały po pokoju, przesuwały się po meblach i po twarzy dziewczynki. Jak dobrze, że już się obudziłaś — zdawały się mówić i pieszczotliwie głaskały jej buzię, by potem szybko przebiec przez pokój i ponownie musnąć jej twarz. Już miała ochotę zabawić się z promykami, próbować je złapać, zatrzymać na dłużej, gdy jej spojrzenie padło na lustro. Przypomniała sobie zdarzenia wczorajszego dnia. Dzisiaj tafla lustra była pusta. Nie było tam ani Dory, ani Karoliny, ani też Justyny.

Agnieszka szybkim ruchem odrzuciła kołdrę i podbiegła do toaletki. Ponownie spojrzała w lustro, szukając koleżanek. Niestety, nikogo nie było, tylko słoneczne promyki przemykały przez pustą taflę zwierciadła i... zatrzymywały się, po czym wpadały do środka i znikały.

Nie, wczorajsze spotkanie nie przyśniło mi się — myślała dziewczynka. Można przejść na drugą stronę, przecież promyki to robią. Tak bardzo chciałabym spotkać Dorę, Karolinę i Justynę. Niestety, w lustrze nie było dziewczynek.

Agnieszka odwróciła się i zaczęła wolno wracać do łóżka, gdy nagle usłyszała nawołujące ją głosy:

— Agnieszko, Agnieszko...

— Jestem tutaj! — krzyknęła radośnie i podbiegła do lustra.

— Chodź do nas, już znasz sposób! — wołały dziewczynki.

— Oczywiście, już przechodzę — odparła Agnieszka i najnaturalniej, jakby codziennie przechodziła przez nie, przepchnęła się bokiem na drugą stronę.

— Uff, jak to dobrze, że już jestem z wami — mówiła lekko zdyszanym głosem, ściskając ręce dziewczynkom.

— My też bardzo się cieszymy — odpowiedziały chórem. Ale nawet gdyby tego nie zaznaczyły, to i tak mówiły za nie uśmiechnięte buzie i wyciągnięte ręce. Zresztą Agnieszka pamiętała, że po drugiej stronie mówi się tylko to, co się naprawdę czuje.

— Dzisiaj — powiedziała Justyna — pokażemy ci, jak bardzo prawdziwy jest nasz świat.

— Prawdziwy? — spytała Agnieszka. — Ja wiem, że on jest prawdziwy, bo tutaj jestem. Nie musicie mi tego udowadniać — dodała bardzo z siebie zadowolona, że tak logicznie rozumuje.

— Dobrze, że już nie masz wątpliwości — powiedziała Justyna i potrząsnęła swoimi niebieskimi włosami.

— Wspaniale! — Karolina pokiwała główką, a jej czerwone włosy zawirowały wokół głowy, tworząc mały, ognisty obłok.

— E... ee... Właściwie to ja mam wątpliwości — przyznała Agnieszka. — Te wasze włosy, ten inny świat... Wiem, że jestem tutaj z wami, ale może to jest sen?

Dora pojednawczo stwierdziła:

— To normalne, że jeszcze się dziwisz, że nie rozumiesz. Przecież z tamtego świata przyszłaś bardzo niedawno.

— A wy skąd się tutaj znalazłyście? — zapytała Agnieszka.

— My — Karolina starannie dobierała słowa — jesteśmy z tej drugiej strony. Jesteśmy ze świata bardzo podobnego do twojego, lecz nasz świat jest jednak trochę inny.

— Co to znaczy „inny świat"? Jak to możliwe, że jestem tutaj, a potem mogę wrócić do mojego pokoju?

— Ach, o to ci chodzi — powiedziała Justyna. Karolina i Dora też zapragnęły jej to wyjaśnić, dlatego zaczęły mówić jedna przez drugą:

— Bo nasz świat jest także twoim. Jeden w drugim się odbija.

Dziewczynka uniosła w górę ramiona, pokazując tym samym, że dalej nic nie rozumie.

— Przestańcie — powiedziała Justyna. — Ja to wytłumaczę. Żyłaś w świecie, w którym można zobaczyć tylko jedną stronę. Ale to nie znaczy, że nie ma innych stron. Promyk słońca jest jasny i wszystko, na co padnie, oświetla swoją jasnością. Jeśli padnie na kryształ, to rozłoży się na wiele kolorów i każdy z tych kolorów w jednej chwili odmienia świat. Nasz świat jest podobny do twojego, a jednak odmienny — tak jak promyk słońca może być jednobarwny albo kolorowy.

— To niezwykle trudne — przyznała Agnieszka.

— Później wszystko zrozumiesz — pocieszyła ją Karolina. — A teraz nie traćmy czasu. Chodź, pobawimy się.

— Ale w co? — zapytała Agnieszka. — Czy wy tutaj macie takie same zabawy jak my z drugiej strony lustra?

— Zobaczysz i sama ocenisz — odpowiedziała Justyna.

To mówiąc, podeszła do Agnieszki i pociągnęła ją w stronę biurka.

— Czy mogę? — spytała i wyciągnęła rękę po rysunki.

— Och, proszę, nie śmiejcie się ze mnie. To same bazgroły — szepnęła Agnieszka.

— Ależ one są bardzo ładne — stwierdziła ze znawstwem Justyna. — Zaraz się przekonamy, czy są wystarczająco ładne, by być prawdziwe.

— Co to znaczy? — spytała Agnieszka.

— Zaraz zobaczysz — odrzekła Dora.

Justyna wzięła jeden z rysunków Agnieszki. Na białej kartce namalowany był bardzo kolorowy ptak. Jego skrzydła mieniły się wszystkimi barwami tęczy. Dumnie wyciągał szyję, pokazując równie piękny dziób. Justyna zaczęła energicznie potrząsać rysunkiem, robiąc przy tym nieco hałasu. Na oczach dziewczynek z kartki najpierw wyłoniła się głowa ptaka. Rozglądał się ciekawie, po czym, jakby wyciągał skrzydła ze smoły, powoli uwalniał się z płaszczyzny papieru. Nagle zatrzepotał skrzydłami i pofrunął. Dziewczynki usłyszały szum i w ręku Karoliny została tylko pusta kartka.

Spojrzały w górę. Pod sufitem fruwał cudowny ptak. Obserwowały z zachwytem jego lot, jego urodę, a on jakby wiedząc, że sprawia im przyjemność, szybował nad ich głowami. Wreszcie zmęczył się, usiadł na poręczy łóżka Agnieszki i przekrzywiając główkę, zaśpiewał.

— O — jęknęła zadziwiona Agnieszka. — To doprawdy nieprawdopodobne. Czy ja też mogę tak zrobić jak Justyna?

— Oczywiście — odpowiedziała jej koleżanka.

Agnieszka wzięła do ręki rysunek, na którym kiedyś namalowała różowy domek i piękne, zielono-niebieskie kwiatki rosnące tuż przed nim. Był tam też biały płot, na którym obok siebie siedziały kotek i malutki wróbelek. W rogu kartki narysowała uśmiechnięte od ucha do ucha słoneczko.

Zaczęła energicznie potrząsać kartką, naśladując Justynę, i po chwili zarówno domek, jak i kwiatki, płotek, kot z wróbelkiem, a na końcu słoneczko leżały na podłodze u jej stóp. W ręku pozostała czysta, biała kartka.

— Jeszcze, jeszcze! — krzyczała zachwycona dziewczynka i sięgnęła po następny rysunek.

Dora, Justyna i Karolina podbiegły do biurka i również wzięły rysunki. Po chwili na podłodze leżały różne zabawki, które kiedyś Agnieszka narysowała. Były tam klocki, wózki, samoloty, samochody, lale i pluszowe misie. Dziewczynki usiadły na podłodze i zaczęły się nimi bawić. Budowały domy i ulice, po których jeździły samochody. Lale układały do łóżeczka, a pluszowe misie ubrane w fartuszki na ich polecenie gotowały w kuchni obiadki.

Zabawa była wspaniała. Jednak największą radość sprawił Agnieszce ptak, który był dokładnie taki, jakim go sobie wymarzyła — piękny, kolorowy i potrafił fruwać! Co chwilę odrywała oczy od zabawek, by choć przez moment na niego popatrzeć. On też często przekrzywiał główkę i przyglądał się Agnieszce. Nie miała odwagi wyciągnąć do niego ręki, by go schwytać. Może nie byłby z tego zadowolony — myślała i tylko patrzyła, patrzyła...

W pewnej chwili ptak jakby poczuł, że ona niczego bardziej nie pragnie jak tego, by usiadł na jej ramieniu. Lekko sfrunął i delikatnie dotknął dziobem jej policzka. Dziewczynka znieruchomiała, bojąc się go przestraszyć.

— Jaki wspaniały jest ten twój ptaszek — odezwała się Karolina.

— Czy... czy on będzie zawsze mój? — drżącym głosem spytała Agnieszka.

— Tak — odparła Dora. — Tutaj on zawsze będzie twój.

— A mogę go zabrać do mojego świata? — spytała.

— Możesz, ale po co? On tam będzie tylko zarysowaną kartką, która zżółknie albo ktoś ją zniszczy. A tutaj on żyje.

— To znaczy, że tamten świat, mój świat, jest dla niego nieprawdziwy, martwy? — zapytała z niepokojem.

— Właśnie tak. Widzę, że już zaczynasz rozumieć, iż nie tylko ten twój świat jest prawdziwy. Nasz też.

— Ach, jak dobrze, że ja to rozumiem — stwierdziła bardzo z siebie zadowolona Agnieszka.

Nagle opadło ją zmęczenie i zapragnęła wrócić do swojego łóżeczka i do mamy.

— Możesz zostać tutaj i spać w swoim łóżeczku, lecz jeśli wolisz wrócić, to idź — powiedziała Justyna, niejako uprzedzając pytania Agnieszki.

— Do zobaczenia — pokiwała ręką dziewczynkom i podbiegła do lustra. Znowu ustawiła się bokiem i przepychając się, przeszła na drugą stronę.

— Jak dobrze, że już wstałaś — powiedziała mama, która właśnie weszła do pokoju.

— Mamo — mówiła podekscytowana dziewczynka. — Mamo, ja byłam po drugiej stronie lustra i tamten świat jest równie piękny jak ten. Tam narysowane ptaki naprawdę fruwają i...

— Dobrze, kochanie, już dobrze... — powiedziała mama, a jej twarz wyrażała zatroskanie, że córeczka znowu opowiada brednie. Patrząc na dziewczynkę, ciężko westchnęła.

— Widzę, że jesteś bardzo zmęczona. Połóż się, a ja zaraz przyniosę lekarstwa.

Wyszła z pokoju. Agnieszka ziewnęła raz, drugi, trzeci. Poczuła, że jej powieki się kleją i wkrótce zasnęła.

*

Obudziła się, gdy słońce zaczęło chować się za chmury. Zerwała się szybko z łóżka i podbiegła do biurka, szukając kartek ze swoimi rysunkami. Znalazła tylko czyste, nie zarysowane. Jak to dobrze — ucieszyła się, że wszystko to zdarzyło się naprawdę.

Podeszła do lustra, ale nie było tam jej koleżanek. Lustrzana tafla była pusta. Przez chwilę zastanawiała się, co zrobić. Nagle podjęła decyzję: Muszę sama je odnaleźć.

Przeszła przez lustro na drugą stronę. Zauważyła, że niemal nie sprawia jej to trudności. Znalazła się

ponownie w tym swoim, a zarazem nie swoim pokoju.
Szybko podbiegła do drzwi i otworzyła je. W pokoju
rodziców też ich nie było. W pokoju babci także. Zajrzała do kuchni, nawet do łazienki, ale dziewczynek
nie znalazła. Gdzie one mogą być? — zastanawiała
się. Przeszła przez obszerny hol i podeszła do drzwi
wejściowych. Delikatnie je uchyliła i stanęła jak wryta.
Za drzwiami rozpościerała się błękitna poświata, a powietrze było tak zagęszczone, że można je było chwytać
w rękę jak puch. Agnieszka oniemiała z zachwytu,
widząc, że wszystko — i ogród, i drzewa — tonie w błękicie. Jak tu pięknie — szepnęła. Nagle zobaczyła,
że nad domem unoszą się jej koleżanki, odpychając
rękami gęste, błękitne powietrze. Sprawiały wrażenie,
jak gdyby płynęły w przestrzeni, delikatnie poruszając
rękami i nogami. Ach, jak to było wspaniale patrzeć
na nie! Wtem jak błyskawica przemknęła myśl: A może
ja też mogłabym tak latać? Gwałtownie zamachała rękami i zaraz jakaś siła poderwała ją z ziemi. Dziewczynka wzbiła się w powietrze.

— Nie tak silnie! — krzyknęła do niej Dora, która
właśnie zauważyła Agnieszkę. — Delikatnie i wolno
poruszaj rękami, jeśli chcesz pionowo unieść się w górę.
Jeżeli chcesz opadać, musisz przestać machać, a jeśli
pragniesz latać, zachowuj się jak ptak — machaj
wolno rękami.

— Dziękuję — odkrzyknęła Agnieszka. — Zaraz
do was przylecę!

Rzeczywiście, wolno poruszając rękami, wznosiła
się coraz wyżej i wyżej. Każde gwałtowne poruszenie
powodowało nagłe wzbijanie się w górę. Wkrótce nauczyła się również poruszać nogami i unosiła się w tej

błękitności coraz wyżej. Pod nią rozciągały się lasy i pola, góry i jeziora. Wszystko spowite błękitem. Jak to wspaniałe tak latać, chyba nie ma nic przyjemniejszego — pomyślała Agnieszka. Zachłystywała się własnym szczęściem. Wznosiła się, to znowu opadała, przy czym czyniła to bez specjalnego wysiłku. Obok niej w pewnym oddaleniu leciały jej koleżanki. Zauważyła, że krążą nad jakąś łąką otoczoną laskiem i wolno obniżają swój lot. Sama też przestała machać rękami, więc spokojnie osunęła się na polankę. Karolina, Justyna i Dora, stojąc już na polanie, wykonywały dziwne ruchy tak, jakby chwytały powietrze rękami i zagniatając je, robiły z niego kule.

— Cześć! — zawołały do Agnieszki.

— To wspaniale, że przyszłaś — odezwała się Karolina.

— Ależ ona przyleciała — poprawiła ją Dora.

— Rzeczywiście — uśmiechnęła się Karolina. — Przyleciałaś.

Justyna zaś koniecznie chciała się dowiedzieć, jak Agnieszce podoba się ten sposób poruszania.

— Cudownie jest latać! Nawet nie potrafię wam powiedzieć, jak bardzo się cieszę, że tego się tutaj nauczyłam.

Nagle coś nad jej uchem zatrzepotało. Dziewczynka odwróciła głowę i zobaczyła swojego ptaszka.

— Jak dobrze, że o mnie nie zapomniałeś — powiedziała.

A on, jakby chciał jej pokazać, że to jest niemożliwe, że on zawsze należy do niej, usiadł na jej ramieniu i tak jak wczoraj czule tulił się do niej, głaskając jej policzek. Nie tylko zresztą dziobem, lecz także kolorową główką. Zdawał się mówić: Czekałem na ciebie; dobrze, że już jesteś.

Agnieszka ujęła go w dłonie i obsypała tysiącem pocałunków. Ptaszek z zadowolenia zaczął śpiewać. Z jego gardełka wydobywał się piękny, lekko metaliczny głos, który stawał się coraz głośniejszy. W końcu śpiewał tak mocno, jak dzwon wybijający godziny na kościelnej wieży. Dziewczynka zasłuchała się w tę muzykę. Muzykę niezwykłą, bo przypominającą wszystkie tak dobrze jej znane dźwięki z tamtego świata. A więc słyszała poranne krzątanie się mamy po kuchni i jej podśpiewywanie, i bicie zegarów w domu, i dzwony z wieży kościoła, a nawet szum drzew. Nie czuła tęsknoty za domem, bo w tej muzyce było wszystko, czego pragnęła...

Nagle ptak umilkł i wzbił się w powietrze. Agnieszka postanowiła polecieć za nim, i tak razem ścigając się, latali nad polaną. W pewnej chwili zobaczyła, że dziewczynki wymachują rękami, jak gdyby chciały ją przywołać. Pożegnała ptaka, wiedząc, że wkrótce znów się z nim zobaczy i wolno zaczęła opadać w kierunku koleżanek.

— Pobaw się trochę z nami — poprosiła Justyna.

— Bardzo chętnie — odpowiedziała Agnieszka.

— O niczym bardziej nie marzę. A co to za zabawa?

— To gra w kule. Wygrywa ten, kto najwięcej kulek powrzuca do dołeczka. O, tego — pokazała małe wgłębienie.

— Ja nie mam kulek — zmartwiła się Agnieszka.

— Nic nie szkodzi — odrzekła Justyna. — Zaraz je sobie zrobisz.

— Ale jak?

— Nic prostszego, jak wziąć trochę tego błękitu i ugniatać, aż zrobi się z tego masa. Potem wystarczy kulać między dłońmi i będziesz miała takie kuleczki jak nasze.

Justyna otworzyła dłoń i pokazała pięć pięknych granatowo-niebieskich kulek. Dziewczynki wróciły do przerwanej zabawy, a Agnieszka z zapałem zabrała się do robienia kulek. Po chwili już były gotowe.

— Mogę się włączyć do zabawy? — spytała, nie oczekując odpowiedzi.

Zaczęła się gra. Najsprawniej rzucała Dora. Justyna też wcale dobrze sobie radziła, a Karolina i Agnieszka niestety były w tym najsłabsze. Postanowiły więcej ćwiczyć i umówiły się, że jutro, pojutrze i już zawsze będą ze sobą grały tak, by pewnego dnia zwyciężyć Dorę i Justynę.

Siedziały teraz wszystkie na polance, odpoczywały i zastanawiały się nad nowymi zabawami z użyciem kulek.

— A może zrobimy takie wielkie kule jak piłki, ogromne, większe od nas i będziemy na nich podskakiwać... — zaproponowała Justyna.

— Świetnie — z entuzjazmem odpowiedziały pozostałe dziewczynki i przystąpiły do wspólnego lepienia. Brały jak poprzednio kawałek błękitu, lecz go nie ugniatały, tylko łączyły z następnymi kawałkami. Po czym, by je mocno połączyć, kulały tę masę po ziemi. Technika lepienia tych kul przypominała lepienie bałwana ze śniegu. Z tą jednak różnicą, że wszystkie kule były duże i odbijały się jak piłki.

Dziewczynki zaczęły na nie wchodzić, co wcale nie było rzeczą łatwą. Nie było to jednak niebezpieczne.

Upadek na ziemię nie wiązał się z przykrym potłuczeniem czy złamaniem, ponieważ tutaj powietrze było jak puch, osłaniało i delikatnie kładło na ziemi. Tak więc śmiechom i radości nie było końca.

W pewnej chwili Justyna z niepokojem spytała:

— Czy nie musisz już wracać?

— Wcale nie czuję zmęczenia — odpowiedziała Agnieszka.

— To znaczy, że już się zaadaptowałaś do tego świata.

— Co znaczy to mądre słowo „zaadaptowałaś"?

— To znaczy, że się tutaj dobrze czujesz.

Agnieszka uświadomiła sobie, że w tej krainie nie świeci słońce, a więc nie ma ranka, południa, wieczora i nocy, że tutaj zawsze jest dzień, a ona sama nie odczuwa senności czy zmęczenia.

— Tak. Tutaj jest cudownie — westchnęła. — Nigdy nie myślałam, że gdzieś może być tak miło.

Dziewczynki słysząc to, bardzo się ucieszyły.

— Co jej jeszcze pokażemy? — pytały siebie nawzajem.

— Może błękitne bańki — zaproponowała Dora.

— Tak, tak! To jest dobry pomysł — potwierdziły Karolina i Justyna.

— Chodź, usiądziemy. — Dora sięgnęła do dołeczka, w którym leżały granatowo-błękitne kule. W jednej z nich znalazła mały otwór i zaczęła w niego dmuchać. Kuleczka powiększała się. Gdy osiągnęła wielkość dłoni, stała się przezroczysta. Dora powiedziała:

— Zaglądnij tam.

Agnieszka ciekawie zajrzała. W środku zobaczyła coś, co przypominało zdjęcie. Przyglądając się baczniej, rozpoznała siebie i mamę w ogrodzie zoologicznym. Przypomniała sobie ten dzień uwieczniony na zdjęciu. To były jej urodziny i mama, chcąc zrobić jej niespodziankę, zaprowadziła ją do zoo. Teraz przyjemnie było zobaczyć to znowu.

— Czy ja też mogę? — spytała.

— Proszę — powiedziała Dora i po chwili Agnieszka dmuchała w otwór kuleczki, z niecierpliwością czekając na to, co zobaczy.

Zdjęcie jakby się rozmyło. Obraz coraz bardziej się zamazywał, a na jego miejscu pojawił się nowy, trochę większy, bo i kula zwiększyła swoje rozmiary. Początkowo obraz był niewyraźny, ale z wolna wyłoniły się ledwie widoczne kontury. Poznała! To było wtedy, gdy pojechała na wakacje nad morze. Ujrzała siebie, mamę i tatę, jak idą wzdłuż brzegu, a fale delikatnie podpływają i łaskoczą ich w pięty. Tata to nawet zabawnie podskakiwał i uciekał, ale fale były zawsze szybsze. Agnieszka zaśmiała się, przypominając sobie te chwile.

— Pokaż, pokaż! — krzyczały koleżanki, chcąc zobaczyć, co ją tak rozbawiło.

Dziewczynka podała im wielką już kulę. Spojrzały do wnętrza i po chwili również zaśmiewały się. A kula robiła się coraz większa i wkrótce rozpłynęła się we wszechobecnej błękitności.

— Jakie to wspaniałe zobaczyć, co zdarzyło się dawniej. Czy mogę zrobić to samo z innymi kuleczkami?

— Proszę — powiedziała Dora i wyciągając z dołka wszystkie kulki, podała je Agnieszce, która z niecierpliwością zaczęła dmuchać w jedną z nich. Po chwili znieruchomiała.

— Co się stało? — spytały koleżanki, które zwró-
ciły uwagę na jej nagłą zmianę nastroju.

— To jest moja babcia, która wiele miesięcy temu
umarła — westchnęła.

— Ależ nic się nie martw — powiedziała dotąd
milcząca Karolina. — W naszym świecie możesz się
spotkać ze swoją babcią. My tutaj mamy tylko czas
teraźniejszy. Nikt tu nie umiera.

— To ja tutaj mogę naprawdę spotkać się z uko-
chaną babcią? — przerwała jej bardzo uradowana
Agnieszka, nie słuchając już tego, co chciała jej wytłumaczyć Karolina.

— No to lecimy do niej! — zadecydowała Dora.

Agnieszka zaczęła delikatnie odpychać się od ziemi
i po chwili unosiła się już w powietrzu. Wolno poru-
szała nogami tak, jak rusza się nimi, pływając w wo-
dzie. Leżąc na brzuszku, leciała za koleżankami, z radością spoglądając na to, co znajdowało się na dole.
Nie wzbijała się zbyt wysoko, bo pragnęła widzieć
krzewy, drzewa, łąki. Obok niej w powietrzu unosiło
się wielu ludzi, młodych i bardzo starych. Dziewczynka rozglądała się ciekawie, bo wszystko tu było dla
niej nowe.

Lasek, nad którym leciały, przeszedł w ogromny
park. W jego centrum znajdowała się sadzawka,
w której toni przeglądały się gałązki wierzby. Po tra-
wie biegały dzieci, na ławeczkach i leżakach siedzieli
dorośli zajęci rozmową, czytaniem książek lub po prostu odpoczywali. Koleżanki kilkakrotnie okrążyły sta-
wek, często obniżając lot, bo bacznie poszukiwały ba-
buni. Nagle Agnieszka wrzasnęła:

— O! Jest tutaj, tutaj! — i wskazała palcem ławeczkę, na której samotnie siedziała starsza pani. Srebrne włosy miała upięte w kok, na nosie tkwiły wielkie okulary. Była okrągła jak kuleczka. Gdyby się przewróciła, to pewnie potoczyłaby się, nie robiąc sobie krzywdy. W rękach trzymała druty i zawzięcie nimi wywijała.

— Babuniu, to ja — odezwała się Agnieszka.

Starsza pani podniosła głowę i spojrzała na dziewczynkę unoszącą się nad nią.

— Och, to najcudowniejsza niespodzianka, moja wnusia przyszła do mnie — powiedziała bardziej do siebie niż do Agnieszki.

Uściskom i okrzykom radości nie było końca. Obok nich zjawiły się pozostałe dziewczynki, ale nieprzytomna ze szczęścia Agnieszka nie widziała nikogo poza babcią. Zatem koleżanki postanowiły zostawić je same.

— Przyjdziemy później — zapewniły.

Babcia i wnuczka chwyciły się za ręce i milczały. Tyle sobie chciały powiedzieć, lecz teraz wystarczała im sama bliskość. Po dłuższej chwili babcia odezwała się:

— Tak długo na ciebie czekałam.

Agnieszka w odpowiedzi przytuliła się do niej.

— Czy... czy ty tam wrócisz? — spytała babcia, z niepokojem oczekując odpowiedzi.

W tym momencie coś nad ich głowami zatrzepotało. Spojrzały w górę. To ptak Agnieszki wolno frunął w ich kierunku. Przysiadł na jej ramieniu i zaśpiewał z taką siłą, jakby zagrzmiały wszystkie trąby świata. Później jego głos stopniowo cichł. Była w tym śpiewie i potęga życia, i tkliwość, i delikatność rozstania. Konary drzewa targane wiatrem, jęcząc uginały się do ziemi, gwałtownie wyrywane liście wirowały w takt tej niezwykłej muzyki. Czuło się, że błyskawice i grzmoty przeszywają niebo.

Z wolna burza mijała i wiatr stawał się coraz słabszy, by w końcu pieścić drzewo, jego konary i liście. Wreszcie umilkł zupełnie...

Ta muzyka była tak piękna, że Agnieszka siedziała nadal nieruchomo. Potem, zwracając twarz w stronę babci, powiedziała:

— Zostaję.

*

Następnego dnia promyki słońca jak zwykle wpadły do pokoju Agnieszki. Szukały dziewczynki, biegając po całym pomieszczeniu, zaglądając do każdego kącika, lecz nigdzie jej nie było. Ludzie, którzy byli właśnie w pokoju, szeptali między sobą, że dziewczynka umarła. Ale promyki dobrze wiedziały, iż wystarczy przejść na drugą stronę lustra, by się z nią spotkać.

Perła

Zbliżał się wieczór. Szarość rozkładała się na sprzętach, zamazując ich kształty. Także tutaj, w szpitalu, po dniu przychodzi noc, której zwiastunem jest wzmagająca się ciemność. Widok za oknem stawał się coraz bardziej nieczytelny, nieznajomy, obcy. W łóżeczku na wprost okna leżał mały chłopiec. Miał może siedem, a może osiem lat. Nie interesował się tym, co działo się za oknem. Nawet nie zauważył, że zbliża się wieczór. Był pogrążony w myślach. Rano usłyszał od lekarza, że czeka go operacja chorej nogi. Być może trzeba będzie ją amputować. Bardzo się przestraszył, bo jak będzie biegał bez nogi? Jak zagra w piłkę? Lekarz, uprzedzając jego pytania, zapewniał, że dostanie protezę i będzie tak samo sprawny jak dawniej. Chłopiec zapamiętał, że lekarz spojrzał na niego i poprawił się: No, może prawie tak samo sprawny. W myślach ta scena powracała tak, jakby chłopiec oglądał ją na filmie. W czasie rozmowy z lekarzem nie potrafił o nic zapytać, bo wszystko w nim krzyczało: Nie chcę tej operacji! Może będzie bolało! Co powiedzą koledzy! Może będą się ze mnie wyśmiewali. A jak bardzo zmartwią się rodzice! Dlaczego to właśnie ja choruję?

Z coraz większą złością zadawał sobie pytania i nie potrafił na nie znaleźć odpowiedzi. Nie miał ochoty rozmawiać z lekarzem i pielęgniarką, nawet z mamą. Po prostu z nikim. Czuł się skrzywdzony. Pragnął wykrzyczeć całą złość, uderzyć, lecz kogo i właściwie za co? Nikt przecież nie zawinił. Czuł, że głęboki smutek obejmuje go tak, jak noc obejmuje dzień i zalewa go ciemnością. Tkwił nieruchomo w łóżeczku i chciał być zupełnie sam. Stracił ochotę do rozmów i zabaw. Przewrócił się na bok, twarzą do ściany, a tyłem do dzieci z sali. Odgrodził się od wszystkich swoją niechęcią. Ich rozmowy wydawały mu się drażniące. Oczekiwał, że zaraz zawołają: No, kulas, nic się nie martw! To bolało najbardziej — będą się z niego wyśmiewać. Czuł się skrzywdzony przez chorobę. Czuł się gorszy.

Zatopiony w myślach nie zauważył grubej pielęgniarki, która zbliżyła się do niego. Była tak gruba, iż wchodząc do sali, musiała przeciskać się bokiem przez szeroko otwarte drzwi, a i tak futryna trzeszczała pod jej naporem. Jej pojawieniu się towarzyszyły odgłosy przypominające trzęsienie ziemi, taki miała tubalny głos. Zazwyczaj wchodząc do sali, mówiła: No i co, chłopaki, co dzisiaj robimy? Po czym siadała na podłodze. Tak było bezpieczniej, bo gdyby usiadła na którymś z łóżek, niechybnie by się zarwało. Pielęgniarka wymyślała niezwykłe zabawy. Raz była Indianinem — Wielką Stopą tropiącym nieprzyjaciół, innym razem kosmitą — olbrzymem, a nawet dinozaurem. Potrafiła się wcielać w różne postacie. Miała też inną niezwykłą cechę: zaraźliwy uśmiech. Minutka z nią spędzona powodowała, że uśmiech przenosił się na twarze dzieci i zawieszał się na nich od ucha do ucha. Od tej chwili w sali robiło się gwarno; każdy chciał coś powiedzieć, przekrzykując innych, zadać pytania, opowiedzieć, co się wydarzyło.

Pielęgniarka pochyliła się nad chłopcem i pogłaskała go po policzku. W odpowiedzi potrząsnął niecierpliwie głową, tak jak odpędza się natrętną muchę. Tym gestem chciał powiedzieć: Zostaw mnie, odejdź. Nie zniechęcona spytała:

— Może chciałbyś porozmawiać?

Odpowiedziało jej głuche milczenie. Oczy chłopca utkwione w ścianę wskazywały, że nie chce rozmawiać, że pragnie być sam, że nie wierzy, iż ktoś mógłby mu pomóc. Gruba pielęgniarka zrozumiała tę niemą odpowiedź. Zamyśliła się, a potem wolno zdjęła z palca złoty pierścionek, w środku którego znajdowała się mała perełka. Wsunęła pierścionek w dłoń zdumionego chłopca i jak osoba nie oczekująca odpowiedzi szybko, stłumionym głosem, powiedziała:

— Mówię tak cicho, bo nie chcę, aby ktoś usłyszał. Mógłby pomyśleć, że zwariowałam.

Tutaj przerwała, nabrała powietrza i bardzo przejęta mówiła dalej urywanymi zdaniami:

— W tym pierścionku jest perłą. Włóż pierścionek na palec i porozmawiaj z nią.

Chłopiec pomyślał: Porozmawiać z perłą? Przecież to niemożliwe. Odwrócił się i spojrzał na pielęgniarkę. Nic nie mówiąc, przyłożyła palec do ust na znak, że to jest tajemnica i nie wolno o tym rozmawiać. Szybko się oddaliła.

Wszystko, co się przed chwilą przydarzyło chłopcu, było tak niezwykłe, że bardziej z ciekawości niż z przekonania o prawdziwości słów pielęgniarki wsunął pierścionek. Ze zdziwieniem zauważył, że pierścionek delikatnie objął jego palec, ściśle do niego przylegając. Pomyślał: Jak to możliwe, że pierścionek pasuje na mój mały paluszek i jej wielgachny paluch? Na to pytanie nie znalazł odpowiedzi.

Zaczął przyglądać się perełce, którą mocowały cztery złote uchwyty. Perła była jakaś dziwna, świeciła srebrzystym blaskiem, który sprawiał wrażenie, jak gdyby małe iskierki odrywały się od jej środka. Wydobywały się na zewnątrz i ulatywały w ciemność. Chłopiec wpatrywał się jak zaczarowany w tę przedziwną perełkę.

Nagle usłyszał cichutkie dźwięki. Zbliżył pierścionek do ucha. Tak, to była muzyka morza, szum fal zaklętych w perle. Usłyszał w tej muzyce wiatr kołyszący bezmiar wód, szum mewich skrzydeł. Na swojej twarzy poczuł orzeźwiający powiew, zobaczył, jak wiatr uderza z ogromną siłą w taflę wody, wybijając rytm, jak zieleń i błękit morza przenikają się nawzajem. Chłopiec zdumiał się i już, już chciał zawołać kolegów leżących w sali, by im pokazać tę niezwykłą perłę, która przechowała morskie wspomnienie — gdy w tym momencie dobiegł jego uszu ściszony głos:

— Proszę... Chcę porozmawiać tylko z tobą.

— Kto to mówi? — spytał chłopiec, jakby chcąc upewnić się, że nie uległ złudzeniu.

— Ja, perła — usłyszał w odpowiedzi.

— Nie wiedziałem, że perły potrafią mówić.

— Ja potrafię — stwierdziła. — Przecież mnie słyszysz, nieprawdaż?

— Dlaczego chcesz ze mną rozmawiać? — zapytał chłopiec, zapomniawszy już o swoich wątpliwościach.

— Bo ty jesteś w podobnej sytuacji, w jakiej ja kiedyś byłam.

— Ty? — zdziwił się. — Ależ to niemożliwe.

— Możliwe — szepnęła cichutko. — Posłuchaj, co mi się przydarzyło.

*

Mieszkałam kiedyś na dnie morza w małej zatoczce. Było tam bardzo pięknie. Rano docierały do nas ciepłe promienie słońca. Oświetlały baraszkujące ryby, różnymi kolorami mieniące się rośliny i żyjątka morskie. Wieczorem przytulone do koralowca zasypiałyśmy. Morze spowijało nas i przynosiło barwne sny. Moim mieszkaniem była maleńka muszla, w której razem z rodzeństwem wzrastałyśmy, leżąc jak w puchu między ślimaczkiem — głównym lokatorem — a skorupką muszelki. Ten nasz domek nie miał okien, tylko drzwi, które zgodnie z ruchem wahadła otwierały się raz z jednej strony, a raz z drugiej. Wyglądałyśmy przez nie ciekawie, poznając zatoczkę. Razem dojrzewałyśmy, znając tylko piękno morza i ciepło słońca.

Pewnego dnia w zatoce pojawiła się łódź. Ludzie, jacy przypłynęli w niej, zarzucili sieć, w którą zaplątały się ryby. Morze wzburzyło się. Zewsząd dochodziły krzyki i nawoływania. Muszelka będąca naszym domem zaczęła jakoś dziwnie podskakiwać. Oderwała się od dna i wirowym ruchem wpadła wprost do sieci. Po chwili znalazłam się w łodzi. Poczułam, że ktoś chwyta mnie w ręce. Oślepiły mnie promienie słońca. Przez moment nic nie widziałam. Później spostrzegłam, że nade mną pochylał się mężczyzna. W jednej dłoni trzymał nóż, a w drugiej otwartą muszlę i dokładnie oglądał jej wnętrze. Nagle mnie zauważył. Zdecydowanym ruchem oderwał mnie z mego przytulnego miejsca, ujął w palce i zbliżył do oczu, po czym wyraźnie zadowolony ze zdobyczy wrzucił do woreczka. W woreczku, zawieszonym u paska przy spodniach, było ciemno i gwarno. Natknęłam się tam na kilka perełek, ale nie spotkałam moich sióstr. Mogłam się tylko domyślać, że ich nie zauważył i razem z muszlą z powrotem wrzucił do morza, gdzie dalej żyją w zielonobłękitnej zatoce.

Zmęczona wrażeniami zasnęłam. Następnego dnia rano poczułam jakiś ruch. Ktoś otwierał woreczek. Targnął mną niepokój, co też się stanie. Paliła mnie również ciekawość, jaki jest ten świat, w którym nie ma wody, ryb, a są ludzie.

Zawartość woreczka została wysypana na stół. Zaczęłam przyzwyczajać się do światła lamp. Było ich w tym pomieszczeniu wiele. Jedna duża wisiała na suficie, a kilka mniejszych stało na stole. Paru mężczyzn w grubych okularach oglądało nas z zainteresowaniem. Ujmowali nas szczypcami, kładli na wadze i coś zapisywali w zeszycie. Mnie odłożyli na bok, po czym wzięli lupę i powtórnie zaczęli oglądać. Po chwili jeden z nich stwierdził:

— Tutaj są zaciemnienia i nierówności. Trzeba będzie je zlikwidować.

A zwracając się do mnie, rzekł:

— Zrobimy z ciebie piękną perłę. Ale najpierw

trzeba cię oszlifować, wyrównać, a potem osadzić w pierścieniu.

— Co usuwać? Co szlifować? — wrzeszczałam.

— Nie pozwalam, nie zgadzam się!

— Perełko, musisz się na te zabiegi zgodzić. Inaczej zaciemnienia się rozszerzą i będziesz szarym, zwykłym kamieniem, na który nikt nie zwróci uwagi. Nie masz wyboru.

Włożył mnie do pudełka, w którym znajdowały się też inne „uszkodzone" perełki. W pudełku było ciemno i ciepło, więc zasnęłam.

Obudziłam się w warsztacie, wśród maszyn i obsługujących je osób. Pewien starszy mężczyzna wziął mnie delikatnie w swoje ręce i powiedział:

— Zrobię z ciebie najpiękniejszą perłę. Swoim blaskiem przyćmisz wszystkie inne.

Nie spodobało mi się, że zauważono moje wady i defekty, i że zamierzano mnie poprawić. Ale tak jak poprzednio na moje protesty nikt nie zwracał uwagi.

Zaczęło się wyrównywanie. Było to nieprzyjemne, nawet bolesne. Wokół powstała chmurka pyłu i już nic nie widziałam. Potem mnie polerowano. Na tym się nie skończyło. Przyniesiono złote obrączki, duże i zupełnie malutkie. Wybrano jedną z nich i młody złotnik położył mnie na niej. Potem powiedział:

— Teraz troszkę zaboli, bo muszę umocować cię za pomocą czterech złotych łapek tak, byś nigdy nie wypadła.

I tak oto częścią mnie stała się złota obrączka. Razem stanowiłyśmy pierścionek.

Powędrowałam do sklepu jubilerskiego. Położono mnie na małej półeczce w oknie wystawowym. Zaczęłam

Wiktoria Krzywicka, lat 7,5

się wokoło rozglądać. Witryna była bardzo duża. Znajdowały się w niej różnej wielkości zegary; jedne srebrne, inne całe ze złota. Było też sporo pierścionków z dużymi kolorowymi kamieniami. Obok leżały bransolety i kolie, które bardzo bogate kobiety zakładają na szyję. Panował gwar nie do opisania. Każdy chciał coś powiedzieć, kogoś zawołać bądź też zaprezentować się jak najlepiej, w czym przodowały zegarki, głośno obwieszczając sekundy, minuty i godziny.

Spostrzegłam, że za szybą wystawową przystawali ludzie i uważnie się nam przyglądali. Często wzdychali, mówiąc: Och, jaki piękny pierścionek. Albo: Tak bardzo chciałbym mieć ten zegarek! Dzieci płaszczyły nosy na szybie, by jak najlepiej nam się przyjrzeć. Ulicą przejeżdżały samochody, słychać było klaksony i uliczny gwar. To był zupełnie inny świat niż ten, który znałam na dnie morza. Inny, ale równie piękny. Kiedy oszołomiona nowymi wrażeniami ciekawym spojrzeniem obejmowałam sklepową wystawę i to, co było za oknem, nie zauważyłam, że wszyscy mi się przyglądają i coś do siebie mówią. Potem dotarły do mnie strzępy rozmów: Co to za nowa perełka? Skąd ona przybywa i dlaczego się nie przedstawia? Zaróżowiłam się ze wstydu i zaczęłam się nerwowo przedstawiać:

— Ja dopiero przyjechałam z zakładu jubilerskiego. Nie wiem, co powinnam zrobić, byście mnie polubili. Naprawdę nie wiem... — powtórzyłam bezradnie.

— Opowiedz nam coś o sobie i o tym, co potrafisz — odezwał się duży złoty zegar stojący pośrodku okna wystawowego.

— Tik-tak, tik-tak — rozejrzał się wokół, jakby czekając na aprobatę, i powtórzył bardzo z siebie zadowolony: — Tik-tak, tik-tak.

To było bardzo trudne zadanie tak w kilku słowach opowiedzieć o tęsknocie za morzem, za domem — muszelką i za moimi siostrami, za falami kołyszącymi do snu, za promykami słońca, które co rano mnie budziły. Postanowiłam opowiedzieć im przynajmniej o przeżyciach z ostatnich dni.

— Jestem perełką, którą szlifowano, polerowano i...

Tu przerwał mi pierścionek z brylantem:

— Wszyscy byliśmy szlifowani. To nic nadzwyczajnego — powiedział lekceważąco. — Spójrz na mnie, ile ja mam szlifów. Nawet ich nie można policzyć, ale dzięki temu potrafię wyłapać promienie światła i zamienić je w cudowną tęczę.

Rzeczywiście w tym momencie brylant rozpromienił się wszystkimi kolorami. Patrzyłam jak urzeczona. Nie mogłam oderwać wzroku, taki był piękny.

— My też, my też — odezwały się głosy ze sznura korali. — Byłyśmy szlifowane. To nic wielkiego. Potrafimy układać się jak węże morskie — powiedziały chórem, po czym zaczęły wyginać się, przyjmując niezwykłe, akrobatyczne pozy. Zewsząd dochodził szmer uznania, w którym najgłośniej było słychać zegarki.

— A ty co, biedulo? Niczego nie potrafisz? — drwiąco spytała dumna ze swej urody kolia. — Ja nie muszę niczego umieć. Wystarczy, że jestem piękna.

Po czym naprężyła się, demonstrując szlachetne kamienie wtopione w nią i błyszczące różnymi kolorami.

Zmartwiłam się. Co ja mogę im, takim pięknym przedmiotom, pokazać lub ofiarować, by zasłużyć na uznanie, a potem może na przyjaźń? Cóż ja potrafię? Nigdy do tej pory o tym nie myślałam. Nagle jak błyskawica przemknęła myśl. Opowiem im o morzu, o swojej zatoczce. Zaczęłam przywoływać wspomnienia. Naśladowałam muzykę morza, w której fale jak echo zbliżały się, to znów oddalały i zdawały się mówić: Są piękne światy, bardzo odległe, które wracają do nas w snach i marzeniach; one są zawsze z nami. Poczułam, że iskierki jak malutkie promyki słońca wydobywają się ze mnie, że cała świecę. Świat zawirował w takt tej muzyki. Wszystkie piękne ozdoby leżące na wystawie zamilkły, wsłuchując się w te dźwięki. Nawet zdumione zegarki przestały tykać. Przy oknie zaczęli gromadzić się przechodnie. Było ich coraz więcej.

Zamilkłam. Zewsząd odezwały się głosy:

— Prosimy jeszcze, jeszcze...

Znowu śpiewałam o moim domu, o każdym dniu, o tęsknocie. Byłam bardzo szczęśliwa, że mnie rozumieją, że mogę im dać cząstkę mych wspomnień.

Kiedy zmęczona zakończyłam występ, posypały się słowa uznania.

— Tik-tak, tik-tak. Ona jest wspaniała — mówiły zegarki.

Pierścionki, kolie i bransolety powtarzały:

— Nigdy takiego koncertu nie słyszałyśmy.

Nawet korale przestały wyginać się w różne niewygodne pozy i szeptały między sobą:

— To nadzwyczajne. Nadzwyczajne.

Kolia, która dotąd mnie lekceważyła, teraz zaproponowała:

— Może chciałabyś leżeć obok mnie? Znajdę dla ciebie trochę miejsca — dodała protekcjonalnie.

— Dziękuję, zostanę tutaj — odpowiedziałam — ale bardzo sobie cenię twoją propozycję.

Tu spojrzałam na małe zegarki i pierścionki leżące obok. Wiedziałam, jaką mam wartość i nie musiałam leżeć na środku wystawy, by wszystkim pokazywać, jaka to jestem ważna. Naburmuszona kolia napięła się cała tak bardzo, że bałam się, iż pęknie zapięcie. Dlatego znów zaśpiewałam i razem z tą muzyką spłynął spokój. Wszyscy stali się bardziej uprzejmi i sympatyczni, nikt nie silił się na niezwykłość, za to próbował w sobie odnaleźć piękno i czułość.

Tak mijały dni. Właściciel sklepu był bardzo zadowolony, że przybywa mu klientów ściąganych moim śpiewem, że całe miasto mówi o perle, która świeci niezwykłym blaskiem i śpiewa pieśń o morzu. Obiecywał też, że nigdy mnie nie sprzeda. A jednak...

Pewnego dnia stanęła przed sklepem okazała limuzyna. Wysiadł z niej starszy pan z ogromnymi wąsiskami. Nie zatrzymał się przed wystawą, nie obejrzał mnie, nawet przez moment nie posłuchał. Podszedł do sprzedawcy i rzekł:

— Kupuję tę perłę, co to, jak słyszałem, śpiewa i błyszczy. Zapłacę każdą cenę.

Po czym wyjął gruby portfel i długo przeliczał banknoty. Zdezorientowany ekspedient pobiegł po właściciela sklepu, który natychmiast przybył, lekko dysząc. Chciał zaprotestować, ale ujrzawszy stos pieniędzy, oniemiał.

— Ależ oczywiście, bardzo proszę — giął się w ukłonach i przesadzał w grzecznościach.

Jednym zamaszystym ruchem zgarnął pieniądze do szuflady i na oczach zdumionego sprzedawcy podbiegł do wystawowego okna, zabierając mnie stamtąd. Nie zdążyłam nawet się pożegnać. Znalazłam się w pudełku.

Pamiętam, że długo jechałam samochodem, a potem znalazłam się w jakimś dużym domu, gdzie zaraz włożono mnie do sejfu. To takie miejsce, w którym przechowuje się bardzo cenne przedmioty i dokumenty. Było tam ciemno, cicho i nudno. Leżałam między papierami i banknotami. Wkrótce zasnęłam.

Nie wiem, jak długo byłam w sejfie. Może kilka dni, a może kilka tygodni. Pewnego dnia właściciel otworzył sejf i wyjął mnie z pudełka. Światło lamp oślepiło mnie, lecz byłam nawet zadowolona. Nareszcie zobaczę ludzi, będę jeździła samochodem, poczuję słońce i wiatr.

Mężczyzna włożył mnie na palec i polecił:

— Śpiewaj i błyszcz!

Nie potrafię śpiewać na rozkaz. Nie mogłam mu opowiedzieć o domu mego dzieciństwa. Najpierw potrzebuję przyjaźni, a dopiero potem mogę śpiewać.

Chwilę poczekał, a następnie już bardzo zagniewanym tonem powtórzył polecenie:

— W tej chwili śpiewaj!

Odpowiedzią było głuche milczenie. Gwałtownie zdjął mnie z palca i wrzucił do pudełka, mrucząc pod nosem:

— To jakieś bajki z tym śpiewem i świeceniem. Jutro zwrócę ten pierścionek. Nikt nie będzie mnie oszukiwał.

Rano ponownie znalazłam się w sklepie, ale nie było to miłe przyjęcie. Potrząsano mną, krzyczano, bym śpiewała. Milczałam nie dlatego, że nie chciałam zaśpiewać. Po prostu nie mogłam. I oto nagle stałam się mało wartościowym przedmiotem, zawiodłam nadzieje, nie robiłam tego, czego ode mnie oczekiwano. Właściciel wrzucił mnie do szuflady. Takiej, do której wkłada się rzeczy niepotrzebne, o jakich chce się zapomnieć. Wstydził się, że tak ważnej osobie sprzedał pierścionek, który udawał rzadkie umiejętności, a tak naprawdę to niczego nie potrafił.

Znowu mijały senne dni, smutne i podobne do siebie. Aż pewnego razu cały sklep się zatrząsł. Czyżby trzęsienie ziemi, wybuch wulkanu? Ależ nie! To wkroczyła nasza znajoma, gruba pielęgniarka. Zwróciła się do sprzedawcy:

— Nie mam zbyt wygórowanych wymagań. Chcę kupić jakiś niezwykły przedmiot. Może to być zegarek albo coś z biżuterii. Ale powtarzam, przedmiot ma być niezwykły i oczywiście... niedrogi.

Gdy to mówiła, zatrzęsły się wszystkie półki. Właściciel przerażonym wzrokiem rozglądał się, czy coś nie spada. Kobieta pochyliła się nad blatem i już coś zamierzała wskazać palcem, gdy sprzedawca chwycił ją za rękę w obawie, że szyba się rozpryśnie. Zaczął mówić bardzo nerwowo, nienaturalnie się przy tym śmiejąc:

— Ach, to doprawdy drobiazg znaleźć coś niezwykłego i niedrogiego. Mam tutaj właśnie taką perełkę, co to śpiewa i błyszczy.

Pragnął jak najszybciej pozbyć się ze sklepu kłopotliwej klientki. Szybko dodał:

— Bez reklamacji, kochana pani, bez reklamacji.

Szybkim ruchem wyciągnął mnie z szuflady i bez

opakowania wsunął w ręce pielęgniarki. Lekko ją popychając, zbliżył się do drzwi wyjściowych.
— Ile płacę? — zapytała pielęgniarka.
— Ach, jak dla pani — tylko grosik.
Po czym otworzył szeroko drzwi, obawiając się, czy wyjście tak szerokiej osoby nastąpi bezkolizyjnie. Usłyszałam jeszcze tylko jedno westchnienie ulgi, jakie wydaje się po udanej, lecz trudnej transakcji, i na zawsze opuściłam sklep jubilerski.
Pielęgniarka włożyła mnie na palec i powiedziała:
— Jaki jesteś piękny. Dzieci na pewno się ucieszą.
Jakie dzieci? Gdzie ja będę? Zadawałam sobie te pytania.
Po niedługim czasie znalazłam się w sali, między małymi pacjentami. Dzieci przywitały mnie serdecznie. Każde chciało mnie włożyć na palec lub chociaż potrzymać w dłoni. Wtedy... Wtedy ponownie zaśpiewałam najpiękniejszą pieśń morza i rozbłysłam tysiącami iskierek. Śpiewałam, a one słuchały: o morzu, o falach, o promieniach słonecznych delikatnie pieszczących taflę wody, o mewach i rybach żyjących w zatoczce. O wszystkim, co jest piękne i dobre. Teraz już zawsze śpiewam dzieciom, bo one tego potrzebują i lubią mnie słuchać...

*

— A czy chciałabyś wrócić do morza? — spytał chłopiec.
— Nie. Ja tutaj z wami jestem szczęśliwa. To prawda, że jestem unieruchomiona w pierścionku, ale przecież dzięki temu was poznałam. Nauczyłam się

śpiewać i dawać innym radość. Ten świat, w którym teraz żyję, jest inny, lecz również piękny. Są w nim domy, samochody, a przede wszystkim kochające mnie dzieci. Gdybym nie zaznała bólu, samotności i tęsknoty, nigdy bym was nie spotkała i nie pokochała. Nie wiedziałabym nawet, że poza morzem jest inna rzeczywistość — świat równie piękny, jak ten z mojego dzieciństwa.

Perła znowu zaśpiewała, a wraz z nią chłopiec, a potem inne dzieci w sali. Śpiewali coraz głośniej. Zdawało się, że śpiew dawał im siłę.

Nagle to zbiorowe śpiewanie zostało przerwane zapaleniem światła.

— Zrobiło się ciemno, a wy nawet tego nie zauważyliście, tylko śpiewacie i śpiewacie — tonem żartobliwej przygany zagrzmiała gruba pielęgniarka. Odpowiedział jej głośny, radosny śmiech dzieci.

— W co się bawimy? — spytała. A zwracając się do chłopca, powiedziała:

— Zabawisz się z nami?

— Jasne, że tak — zabrzmiała odpowiedź. — Tu jest pani pierścionek. Chciałem go zwrócić. Już mi nie będzie potrzebny. Na pewno przyda się jednak innym dzieciom.

Potem pochylił się nad perełką i cichutko szepnął:

— Dziękuję.